FENIMORE COOPER

AVENTURES D'UN CAPITAINE AMÉRICAIN

TOME SECOND

20 CENTIMES

PARIS
A.-L. GUYOT, Éditeur
12, Rue Paul-Lelong, 12

COLONIES ET ÉTRANGER : 25 CENTIMES

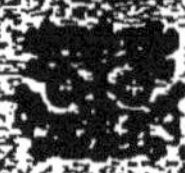

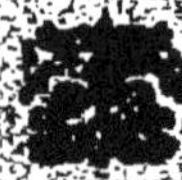

FENIMORE COOPER

AVENTURES

D'UN

CAPITAINE AMÉRICAIN

TOME SECOND

PARIS
A.-L. GUYOT, ÉDITEUR
12, rue Paul-Lelong

AVENTURES D'UN CAPITAINE AMÉRICAIN

(SUITE)

CHAPITRE IX

Je commande en chef

Les deux bâtiments n'étaient plus qu'à cent pieds l'un de l'autre, quand les Français nous aperçurent pour la première fois. Cet aveuglement tenait à plusieurs circonstances : d'abord pour dix hommes qui regardent en avant sur un navire, un tout au plus regarde en arrière ; ensuite c'était l'heure du déjeuner pour l'équipage, et presque tous les hommes étaient à faire leur repas sous le pont. En outre un grand nombre étaient encore étendus dans leurs hamacs. A cette époque, un vaisseau de ligne français n'était pas lui-même un modèle d'ordre et de discipline ;

que devait-ce donc être à bord d'un bâtiment porteur de simples lettres de marque?

Il paraît que l'officier de quart fut le premier qui nous vit, il courut au couronnement, et, au lieu d'appeler tout le monde en haut, il se mit à nous héler. M. Forbanck, notre second lieutenant, répondit en mangeant la moitié des mots, de manière à ce que, si c'était de mauvais français, on ne pût pas du moins les prendre pour de bon anglais. Cependant il lâcha le nom du « *Hasard de Bordeaux* » d'une manière assez intelligible, et c'en fut assez pour mystifier l'officier pendant quelques secondes. En ce moment, nous arrivions sur lui avec une rapidité qui ne lui permettait pas même la réflexion. Cependant la voix de l'officier avait été entendue en bas, et les Français montèrent précipitamment en désordre, et se répandirent sur l'arrière et sur l'avant.

Le capitaine Williams était un marin de premier ordre, et un des hommes le plus de sang-froid que j'aie jamais vus. Tout fut fait ce jour-là au moment convenable. Le commandant français voulut gagner au large, mais notre gouvernail fut dirigé de manière à nous tenir dans une ligne presque parallèle, et notre voilure de l'avant abrita bientôt même sa grande voile; nous gagnions deux pieds sur eux un.

Marbre vint sur le gaillard d'avant, au moment où notre bossoir était par le travers du mât de misaine de *la Lady*. Il n'avait fallu qu'une minute pour nous donner cette avance, et cette minute fut un moment de grande confusion parmi les Français. Marbre fit un signal, notre pavillon fut hissé, et l'ordre fut donné de faire feu. Nous lâchâmes à la fois cinq de nos pièces, chargées à mitraille. L'instant d'après on entendit le craquement des navires qui s'entrechoquaient; Marbre cria : « En avant, mes amis ! » et lui, Neb, moi, tout l'équipage fondit comme un ouragan sur le bâtiment français.

Je m'attendais à une lutte corps à corps des plus acharnées, mais nous trouvâmes le pont désert, et nous prîmes possession du navire sans résistance. Le capitaine français avait été coupé presque en deux par la mitraille, et deux des officiers étaient sérieusement blessés. Ces accidents contribuèrent beaucoup à nous assurer la victoire, personne ne songeant plus à nous la disputer. Aucun de nos hommes ne reçut même une égratignure.

La prise était, comme je l'ai dit, un bâtiment porteur de lettres de marque, allant de la Guadeloupe à Nantes. Elle était un peu plus grande que *la Crisis*, portait douze canons de neuf, et avait quatre-vingt-trois hommes à bord au moment où elle avait appareillé; mais vingt-trois avaient été tués ou blessés dans la première affaire, et un certain nombre avaient été mis à bord d'une prise. Les blessés étaient presque tous encore dans leurs hamacs ; de ceux qui restaient, seize à dix-huit avaient été mis hors de service par la bordée qu'ils venaient d'essuyer, de sorte que son équipage effectif se trouvait à peu près réduit à notre nombre. Le bâtiment était neuf, bien construit, et sa cargaison, qui était en partie de cochenille, pouvait valoir soixante mille dollars.

Dès que nous fûmes assurés de la victoire, on mit le grand hunier de *la Crisis* sur le mât, et barre sous le vent ; en même temps on fit arriver *la Dame de Nantes*, pour que les deux bâtiments fussent séparés. L'abordage lui avait fait peu de mal, et il lui était facile de gagner le port.

On avait d'abord eu l'intention de me laisser sur *la Dame de Nantes* comme maître de prise, ayant pour instruction de suivre *la Crisis* à Falmouth, où elle allait ; mais, après plus ample examen, on découvrit que l'équipage d'un brig américain était lui-même prisonnier à bord de la prise. *La Dame de Nantes* l'avait capturé deux jours avant notre première rencontre ; elle avait fait passer l'équipage sur son bord, y avait mis du monde et l'avait dirigé sur Nantes. Les Américains étaient au nombre de treize. Ce renfort nous permit de prendre des dispositions différentes. Voici celles auxquelles, après une heure ou deux de délibération, on s'arrêta.

Notre second lieutenant, dont la blessure demandait à être mieux soignée qu'elle ne pourrait l'être sur la côte nord-ouest, fut mis à bord du bâtiment français comme maître de prise, avec ordre de gouverner de son mieux vers New-York. Le capitaine et le premier lieutenant du brig américain consentirent à se mettre sous ses ordres, et offrirent leur concours pour faire traverser l'Océan à *la « Lady »*. Trois ou quatre de nos malades furent renvoyés dans leur pays par cette occasion, et les Américains délivrés prirent du service pour payer leur passage. Tous les blessés français furent laissés à bord, confiés aux soins de leur chirurgien, homme de quelque mérite, quoique tenant encore trop du boucher, comme presque tous les chirurgiens de ce temps-là.

Il faisait nuit quand tous les arrangements furent terminés. *La Dame de Nantes* vira alors de bord et fit voile vers les Etats-Unis. Notre capitaine envoya par cette occasion son rapport officiel, et je saisis un moment pour écrire à Grace une petite lettre, tournée de manière à paraître s'adresser à toute la famille. Je savais combien quelques lignes de moi leur feraient plaisir, et j'avais aussi le bonheur de leur annoncer que j'étais promu au grade de second lieutenant, la place de troisième officier que je laissais vacante ayant été acceptée par le second lieutenant du brig américain.

La séparation en pleine mer, la nuit, eut un caractère solennel et triste à la fois. A bord de *la Dame de Nantes*, il y avait de nos hommes qui n'achèveraient pas leur long et solitaire voyage. Le bâtiment lui-même arriverait-il à sa destination? Les chances étaient en sa faveur, car les corsaires français n'infestaient plus alors les côtes d'Amérique. Je reçus par la suite, pour ma part de prise, onze cent soixante-treize dollars ; je dirai plus tard quel effet cela produisit sur moi, et quel emploi je fis de l'argent.

La Crisis fit route au plus près, tandis que sa prise cinglait vers New-York. Miles Wallingford était devenu un personnage beaucoup plus important qu'il n'était quelques heures auparavant. Nous mîmes les prisonniers dans la cale, en les faisant garder avec soin, et nous dérivâmes au nord-ouest, afin d'éviter les croiseurs français qui pourraient courir des bordées le long de leurs côtes. Le capitaine Williams semblait satisfait de la part de gloire qu'il avait acquise, et il ne cherchait pas l'occasion de cueillir de nouveaux lauriers. Quant à Marbre, jamais homme ne grandit plus dans sa propre estime. Sans doute les résultats de cette journée lui faisait beaucoup d'honneur ; mais, depuis ce moment, malheur à celui qui se fût permis de n'être pas de son opinion sur telle ou telle voile qui pouvait se montrer à l'horizon !

Le lendemain du jour où nous nous séparâmes de notre prise, une voile fût signalée à à l'ouest, et, le vent ayant changé, nous carguâmes la grande voile pour l'examiner. Bientôt il fut évident que c'était un bâtiment américain; mais nous eûmes beau hisser notre pavillon, le le brig ne manifestait aucune disposition à nous parler. Le capitaine Williams se décida à lui faire la chasse, d'autant plus que le brig chercha à nous échapper, en passant en tête, et que cela ne ne nous éloignait pas beaucoup de notre route.

A quatre heures de l'après-midi, nous arrivâmes assez près pour lâcher une bordée contre ses mâts afin de lui rendre la parole. Alors le brig mit en panne et nous permit de l'aborder. C'était la prise de *la Dame-de-Nantes*, et nous en prîmes immédiatement possession. Comme ce bâtiment était chargé de farine, et que sa destination était Londres, j'en fus chargé, et on me donna pour second un jeune homme de mon âge, nommé Roger Talcott, et six hommes de mon équipage. Il va sans dire que tous les Français, à l'exception du cuisinier, passèrent sur *la Crisis*. Neb, à force de prières et sur mes vives instances, obtint de m'accompagner, quoique

Marbre eût beaucoup de peine à se priver de ses services.

C'était mon premier commandement, et je n'en étais pas peu fier, quoique je mourusse de peur de faire quelque sottise. Mes instructions étaient de me diriger vers le cap Lizard, et de ranger la côte d'Angleterre. Le capitaine Williams s'attendait à recevoir l'ordre d'aller au même port que *l'Amanda* — c'était le nom du brig — et il espérait nous rejoindre, après qu'il aurait relâché à Falmouth pour y prendre ses instructions. Comme *la Crisis* pouvait filer quatre nœuds sur *l'Amanda* trois, avant le coucher du soleil nous avions perdu de vue notre ancien bâtiment.

Quand je pris le quart le matin, je me trouvai sur le vaste Océan, à l'âge de dix-huit ans, dans des parages ennemis, ayant un navire précieux à conduire, mon chemin à trouver dans une mer étroite où je n'étais jamais entré, et à bord un équipage dont la moitié faisait son premier voyage. Nos novices montraient toute l'aptitude des Américains, mais ils avaient encore beaucoup à apprendre. *La Crisis* avait un équipage trop nombreux pour pouvoir employer tout le monde à toutes sortes d'ouvrages, comme cela a lieu à bord d'un bâtiment marchand quand il n'a que son nombre d'hommes ordinaire, de sorte que l'instruction pratique ne s'acquérait que lentement. Malgré cela, les hommes que j'avais étaient sains, vigoureux et de bonne vololonté.

Par suite des dispositions qui avaient été prises, j'étais alors abandonné à mes seules ressources; toute la responsabilité pesait sur moi. J'avoue que dans le premier moment, je fus aussi effrayé de cette position toute nouvelle que Neb en était ravi; mais on s'accoutume bien vite à des changements de ce genre. Cinq ou six heures suffirent pour me mettre à l'aise; il est vrai qu'il n'arriva rien qui sortît de la routine ordinaire.

Lorsque le soleil se coucha j'aurais été complétement heureux si l'obscurité ne m'avait causé quelque inquiétude. Le vent avait sauté au sud-ouest, et commençait à fraîchir. J'appareillai des bonnettes, et, au moment où le jour disparut complétement, le bâtiment commença à filer de manière à m'ôter l'envie de dormir. Je ne savais trop si je devais diminuer de voiles ou non; d'un côté, il y avait danger d'avaries plus ou moins considérables; de l'autre javais à craindre de paraître timide aux yeux des deux ou trois marins que j'avais avec moi. Je cherchai à lire sur leurs figures ce qu'ils pensaient secrètement; mais, en général, « Jack » a tant de confiance en ses officiers, qu'il prévoit difficilement un malheur. Quant à Neb, plus le vent soufflait avec force, plus il était content; il semblait croire que le vent était sous les ordres de maître Miles, aussi bien que l'Océan, le *brig*, et lui-même, il ne pouvait donc jamais en faire trop.

Pour Talcott, il était à peine aussi expérimenté que moi, quoiqu'il eût de bonnes manières, qu'il fût bien né, bien élevé, et que, dans l'origine, il eût été mon compétiteur pour la place de troisième officier; je n'avais été préféré que sur les instances réitérées de Marbre. Talcott néanmoins n'était pas sans talent en fait de navigation, et c'est pour cela qu'il m'avait été donné. Le capitaine Williams pensait que deux têtes valaient mieux qu'une seule. Je fis partager ma chambre à ce jeune homme, non-seulement pour avoir sa compagnie, mais pour lui donner de la considération aux yeux de l'équipage.

Talcott et moi, nous restâmes sur le pont pendant presque toute la première nuit, et, si je pris quelques instants de repos, ce fut sur une bonnette de hunier, qui était sur le gaillard d'arrière, et que j'avais renoncé à appareiller, après l'avoir fait préparer dans cette intention. Cependant le jour revint; l'horizon était clair; le vent n'avait pas augmenté; rien n'était en vue; je me sentis à l'aise pour faire un bon somme jusqu'à huit heures.

Tout ce jour-là nous n'eûmes à faire travailler ni une amure ni une écoute. Vers le soir, je montai à la girouette pour chercher la terre, mais sans succès, quoique je susse, d'après nos observations à midi, qu'elle ne pouvait être à une grande distance. Il y a cinquante ans, la longitude était la grande difficulté pour les navigateurs. Talcott et moi, nous savions bien, il est vrai, calculer d'après la distance de la Lune ; mais il n'y avait point d'observations à faire, et même il est souvent facile de se tromper au milieu des courants et des marées. Aussi ne fus-je nullement fâché d'entendre Neb crier du haut de la vergue du petit hunier : « Un feu devant nous ! »

Il pouvait être dix heures. Je savais que ce feu devait être le cap Lizard. La route fut changée de manière à mettre le feu par le bossoir du vent, et j'attendis qu'il se montrât à nous sur le pont, avec une anxiété que depuis je n'ai éprouvée au même degré que dans les circonstances les plus critiques. Une demi-heure suffit, et je me sentis alors soulagé d'un grand poids. Un débutant lui-même n'a pas de peine à se tirer d'affaire avec un vent frais au sud-ouest et le phare du cap Lizard pleinement en vue sous son bossoir du vent, s'il se trouve avoir à entrer dans la Manche. Aussi cette nuit-là fut-elle pour moi beaucoup meilleure que la précédente.

Le lendemain matin nous étions par le travers de l'île de Wight ; mais le vent avait sauté au sud-est, et il était si faible que nous fûmes obligé de bouliner. L'Angleterre nous restait alors sous le vent, et j'eus certes autant d'empressement à m'en éloigner que j'en avais eu à l'élonger.

On concevra sans peine que, pendant tout ce temps, nous étions constamment en vigie, de peur de rencontrer des ennemis. Nous vîmes beaucoup de voiles, surtout en approchant du détroit de Douvres, et nous nous tînmes au large autant que les circonstances le permettaient. Plusieurs étaient évidemment des vaisseaux de guerre anglais, et je n'étais pas sans inquiétude de voir saisir par la presse quelques-uns de mes matelots ; car, à cette époque et pendant une longue période subséquente, les bâtiments de toute nation qui trafiquaient avec l'Angleterre perdaient ainsi beaucoup de leurs hommes, et les navires américains plus que tout autre.

J'attribue au soin que je pris de me tenir le plus près possible de la côte, tant que je le pus sans danger, le bonheur que j'eus de passer sans être aperçu, ou du moins hélé. Mais là mer se rétrécissait de plus en plus, et je ne pouvais guère éviter d'être abordé. Je faisais néanmoins de mon mieux, et nous courions différentes bordées, le jour et la nuit, avançant lentement vers l'est. Je commençais à prendre confiance en moi-même, et il me semblait que je dirigeais *l'Amanda* tout aussi bien que Marbre lui-même eût pu le faire. J'avais si bien discipliné mes novices, et ils se formaient si rapidement au service, que je n'aurais pas hésité, s'il l'eût fallu, à virer de bord et à gouverner vers New-York.

Les feux placés sur les côtes d'Angleterre guidaient sûrement notre marche, et me permettaient d'apprécier si nous gagnions ou si nous perdions du terrain. Nous devions approcher, quoique lentement, de Dungeness, et je commençais à m'inquiéter d'un pilote, quand Talcott, qui était de quart, descendit tout essoufflé dans la chambre, vers trois heurs du matin, pour me dire qu'une voile venait droit à nous, et qu'autant qu'il en pouvait juger dans l'obscurité, elle était gréée en lougre. Certes, il y avait de quoi tressaillir; car autant valait dire que ce bâtiment était français.

Je ne m'étais pas déshabillé, et je fus sur le pont en un moment. Le navire qui nous donnait la chasse nous restait sous le vent à un demi-mille de distance; mais j'en vis assez pour reconnaître que c'était un lougre. Il y avait assurément des lougres anglais; mais toutes les traditions de ma profession m'avaient appris à regarder comme français un bâtiment ainsi gréé. J'avais entendu parler de corsaires de Dunkerque, de Boulogne et d'autres ports de France, qui venaient ranger les côtes d'Angleterre pendant la nuit, et qui faisaient des prises de la manière dont ce lougre semblait vouloir s'y prendre avec nous. Heureusement nous avions le cap vers la terre, et nous étions d'un quart ou deux au vent du phare de Dungeness, ayant aussi pour nous le flot, autant que nous en pouvions juger par la marche rapide de notre bâtiment.

Mon parti fut pris en une minute. Je ne savais ni s'il y avait des batteries, ni où chercher protection. Mais là était la terre, et je me déterminai à y porter de toute la vitesse de nos voiles, espérant que nous pourrions être à la côte avant que le lougre pût nous accoster. Quant à son feu, je ne croyais pas avoir à le redouter, car c'eût été attirer sur ses trousses quelque croiseur anglais, et la France était à quelques heures de distance. Je m'empressai de hisser les voiles de misaine et de perruche, de brasser au vent, de mollir les écoutes, et le brig marcha joliment.

Certes *l'Amanda* n'était pas la plus fine voilière; mais elle semblait cette nuit-là partager notre peur. Je ne l'avais jamais vue filer si rapidement, eu égard au vent, et il y eut un moment où je crus qu'elle conserverait son avantage, le lougre semblant lancé à sa plus grande vitesse. Mais c'était une illusion; il se glissa bientôt après nous plutôt comme un serpent marin que comme une machine activée par des voiles. Je vis bientôt que lutter de voiles avec un pareil jouteur, c'était chose impossible.

La terre et le phare étaient alors tout près de nous, et je m'attendais à chaque instant à entendre la quille du brig labourer le fond. Au même instant je crus entrevoir un bâtiment mouillé à l'est de la pointe, à la distance d'environ un quart de mille. L'idée me frappa que ce pouvait être un croiseur anglais, car ils jetaient souvent l'ancre dans des endroits semblables, et je criai presque machinalement : « Lofe tout! » Neb était au gouvernail, et au ton dont il me répondit, je vis qu'il était enchanté.

Il était temps; car, en venant au vent, *l'Amanda* frôla le fond, de manière à nous donner un avant-goût de ce qui serait arrivé une minute plus tard ; toutefois, elle obéit merveilleusement à la barre, et nous doublâmes la pointe de terre la plus proche, sans recevoir d'autre avertissement, faisant tête à la lame, juste assez pour nous tenir un peu au vent du bâtiment à l'ancre. L'instant d'après, le lougre, à une encablure de nous, fut masqué par la terre. J'avais alors grand espoir qu'il serait obligé de changer de bord, mais il avait bien mesuré sa distance, et il sentait sans doute qu'il passerait. Une minute après, je le vis courir au plus près, lofer pour passer la pointe, et arriver dans nos eaux.

Pendant tout ce temps, rien ne troublait le silence de la nuit ; pas un cri, pas un appel, à l'exception des ordres donnés sur notre bord, encore l'étaient-ils à voix basse. Quant au bâtiment mouillé, il semblait ne se donner aucun souci; il était là, sur ses ancres, beau navire, bâtiment de guerre, à ce qu'il me semblait, comme un oiseau de mer qui dort sur son élément. Nous étions directement entre lui et le lougre, et il est possible que les hommes de quart ne vissent pas celui-ci. Les trois bâtiments n'étaient qu'à une encablure l'un de l'autre. Les cinq minutes qui allaient suivre devaient être décisives. J'étais sur le gaillard d'avant, dévorant des yeux tout ce que je pouvais découvrir du navire, de sa forme, de ses dimensions, de son gréement, à mesure qu'ils devenaient plus distincts, et je le hélai :

— Oh ! du vaisseau !

— Oh ! le nom du brig !

— Américain, avec un lougre français droit dans nos eaux ; remuez-vous un peu !

J'entendis cette rapide exclamation : « voilà bien le diable !... » Puis, celle-ci : « maudits *Yankees.* » Enfin on appela tout le monde en haut. Il était évident que mon avis avait mis tout l'équipage en mouvement. Talcott accourut alors à l'avant, pour me dire qu'il pensait, à quelques mouvements qui avaient lieu à bord du lougre, que l'on commençait à soupçonner le voisinage du navire. La manière dont on avait appelé « tout le monde en haut » m'avait cruellement désappointé ; c'était celle d'un bâtiment marchand plutôt que d'un vaisseau de guerre ; mais nous étions trop près pour que nos doutes ne fussent pas bientôt dissipés.

— C'est un bâtiment anglais, frété pour les Indes occidentales, monsieur Wallingford, dit un de mes plus vieux matelots ; il a perdu ou quitté son convoi.

— Savez-vous quelque chose du lougre ? demanda un officier d'une voix qui n'avait rien de très amical.

— Rien que ce que vous voyez. Voilà vingt minutes qu'il me donne la chasse.

D'abord on ne répondit rien ; puis on me demanda de courir un bord, afin de donner le temps de se reconnaître, en l'attirant pour quelques minutes à quelque distance.

— Nous sommes armés, et nous viendrons à votre secours.

Si j'avais eu dix ans de plus, j'aurais su quel fonds on peut faire sur la parole des hommes, surtout lorsqu'ils sont guidés par l'appât du gain, et je n'en aurais rien fait ; mais, à dix-huit ans, on voit les choses différemment. Il me parut peu généreux de conduire un ennemi sur un homme endormi, et de ne pas chercher du moins à aider celui-ci.

— Oui, oui, répondis-je.

Et je me mis à exécuter la manœuvre demandée ; mais il était trop tard, le lougre se glissa entre le navire et nous, au moment où nous commencions à porter de nouveau au large, et, profitant de la place que nous lui faisions, il sembla nous observer l'un et l'autre, comme pour faire son choix. Le bâtiment anglais lui parut sans doute le plus attrayant, car il mit la barre au vent et l'aborda par la hanche.

On ne fit usage du canon d'aucun côté. Nous étions assez près pour voir ce qui se passait, et entendre même les coups qui étaient frappés. Ce fut une minute de solennelle anxiété pour nous à bord du brig. Les cris des blessés venaient jusqu'à nous, au milieu du calme de cette sombre matinée. Des jurements, des imprécations se confondaient avec les commandements. Quoique pris à l'improviste, John Bull se battit bien ; nous vîmes, néanmoins, qu'il avait le dessous, au moment où la distance et le brouillard, qui commençait à se condenser autour de la côte, nous dérobèrent la vue des deux bâtiments.

La disparition des combattants m'éclaira sur la conduite que je devais tenir. Lorsque je fus bien certain de n'être pas en vue, je virai de nouveau et me dirigeai vers la côte, qui était assez éloignée pour nous permettre de gouverner encore quelque temps dans cette direction. Cet expédient réussit complètement. Lorsque le jour commença à paraître, nous pûmes voir, dans le lointain, le brig et le bâtiment marchand qui s'éloignaient de terre, et se dirigeaient à toutes voiles vers la France. Quant à *l'Amanda*, elle était sauvée. Nelson, après son grand exploit, ne fut pas plus heureux que je ne l'étais de mon expédient. Talcott me félicita de tout son cœur, et je crois que tous nous étions trop disposés à attribuer à notre adresse et à notre sang-froid un résultat dans lequel le hasard entrait pour beaucoup.

A la hauteur de Douvres, nous prîmes un pilote, et j'appris que le bâtiment capturé était *la Dorothée*, venant des Indes occidentales, qui s'était détachée de son convoi et était arrivée seule la veille au soir. Elle avait jeté l'ancre sous Dungeness, au commencement du jusant, et elle avait mieux aimé, à ce qu'il paraît, prendre une bonne nuit de repos que de s'aventurer, dans les ténèbres, au retour du flot. Son mouillage était bien caché, et il est probable que le lougre ne l'eût jamais trouvée, si nous ne l'avions pas conduit droit à sa proie.

Je n'avais plus à m'occuper du brig, et c'était un grand soulagement pour moi, au milieu d'écueils et de courants auxquels je ne connaissais rien. Ce jour-là nous entrâmes dans les dunes et nous mouillâmes. C'était la première fois que je voyais une flotte à l'ancre.

Notre histoire fit du bruit à bord des bâtiments de guerre. Vingt canots au moins vinrent bord à bord pour apprendre des détails à la source. Parmi ceux qui vinrent ainsi me questionner était un vieux monsieur, que je soupçonnai d'être amiral ; il était en habit de ville, et ses canotiers refusèrent de répondre à aucune question ; mais ils lui montraient un respect extraordinaire. Cet inconnu me demanda beaucoup de détails, et je lui racontai toute l'histoire avec franchise, rien de plus, rien de moins. Il m'écouta avec un intérêt marqué. En s'en allant, il me secoua cordialement la main et me dit :

— Jeune homme, vous avez agi prudemment et bien ; laissez grogner nos vieux loups de mer ; ils ne songent qu'à eux. C'était votre droit et votre devoir de sauver votre bâtiment, du moment que vous le pouviez sans manquer à l'honneur, et je ne vois rien que de louable dans votre conduite. Mais c'est une honte pour nous que ces satanés Français viennent ainsi faire leurs orges à notre barbe, jusque sous nos écubiers.

CHAPITRE X

A Londres

La Tamise n'est pas une rivière d'une beauté remarquable; mais on ne saurait croire le nombre d'embarcations qui la remontaient et la descendaient alors. Il y avait à peine, dans la chrétienté, une sorte de bâtiment qui n'y fût représentée, et, quant aux bateaux à charbon, nous en traversâmes littéralement une forêt qui eût suffi pour chauffer Londres pendant une année, même à ne brûler que la mâture.

La manière dont le pilote manœuvra notre brig au milieu de ce labyrinthe de voiles qui bordaient de chaque côté l'étroit passage que nous avions à franchir m'émerveillait aussi; c'était plutôt la marche d'une voiture, conduite par un cocher habile à travers une foule compacte, que l'allure ordinaire d'un navire. Je le dis hardiment : j'en appris plus sur la Tamise, sur la manière de gouverner un bâtiment et d'en faire ce que je voulais, que dans toute la traversée de Canton à Londres, aller et retour. Pour

Neb, il roulait ses yeux noirs d'un air tout ébahi, et il finit par me dire :

— En vérité, maître Miles, lui, bientôt le fera parler.

Le capitaine Williams m'avait chargé de remettre le brig à son consignataire primitif, en réservant le droit ordinaire de sauvetage. C'était un négociant américain, qui était établi dans la nouvelle Babylone. Je le fis, et ce négociant envoya prendre possession du bâtiment, en me déchargeant de toute responsabilité ultérieure.

Quinze jours s'écoulèrent où je profitais de mes loisirs pour complètement visiter Londres, puis enfin, j'eus le bonheur de voir *la Crisis* qui se glissait au milieu du labyrinthe de voiles, comme *l'Amanda* l'avait fait avant elle. Elle vint s'amarrer tout près de nous, et l'opération n'était pas encore terminée que Talcott, Neb et moi nous étions à bord.

Nous fûmes tous charmés de nous revoir : le capitaine Williams était resté à Falmouth plus longtemps qu'il ne se l'était proposé, pour réparer quelques avaries, et voilà pourquoi je l'avais devancé. Comme j'étais le seul officier du bâtiment qui eût déjà vu Londres, mon expérience de quinze jours m'avait singulièrement grandi aux yeux de l'équipage ; c'était comme un grade de plus que je venais d'acquérir. Marbre brûlait de voir la capitale de l'Angleterre, et il me fit promettre de lui servir de pilote, dès que nous serions libres, et de lui montrer tout ce que j'avais vu moi-même.

Il nous fallut deux semaines pour débarquer la cargaison et prendre du lest ; les articles que nous comptions emporter pour trafiquer sur la côte étaient trop légers et trop peu nombreux pour remplir le bâtiment. Ensuite il fallut songer à compléter notre équipage : naturellement nous choisîmes de préférence des Américains, d'autant plus qu'à tout moment les Anglais pouvaient être *pressés*. Nous eûmes la main heureuse ; le hasard nous fit rencontrer des matelots de premier choix qui, pris à un bâtiment américain par un croiseur anglais, venaient d'obtenir leur congé.

Ce fut pour moi un grand amusement de montrer à Marbre les curiosités de Londres. Nous commençâmes par les animaux féroces de la Tour, à tout seigneur tout honneur ; mais notre lieutenant n'en fut pas émerveillé. Il avait été trop souvent en Orient, disait-il, pour admirer une pareille ménagerie, bonne tout au plus pour des badauds. La Tour ne fut pas plus heureuse auprès de lui ; il avait vu en Amérique une tour où l'on fabriquait des balles, qui l'enfonçait et pour la hauteur, et, suivant lui, pour la beauté. Saint-Paul l'étonna un peu ; il avoua franchement qu'il n'y avait pas d'église pareille à Kennebunk, quoiqu'il pensât que la Trinité à New-York pouvait bien être mise à côté.

— Comment! à côté? répétai-je en riant; c'est dedans que vous voulez dire, avec son clocher et tout le reste, et il resterait encore plus de place que dans toutes les autres églises de New-York réunies.

Marbre fut longtemps à me pardonner cette plaisanterie; il me dit que ma remarque n'était pas patriotique; mot qui, en 1799, était moins souvent employé qu'aujourd'hui, mais qui pourtant était déjà en usage. Il voulait dire, comme à présent, une lourde et étroite obstination à regarder comme merveilleux tout ce qui tient à sa province, et, sous ce rapport, jamais il n'y eut de meilleur patriote que Marbre. Au sortir de l'église, je lui fis traverser Fleet-Street, Temple-Bar et le Strand sans trop d'encombre, et enfin nous entrâmes dans les hautes régions de la mode, de l'aristocratie et de la cour. Après un certain temps, nous nous dirigeâmes vers Hyde-Park, où nous devions « mettre en panne » pour faire nos observations.

Nous étions à discuter, Marbre et moi, quand il survint un léger incident qui eut ensuite des conséquences importantes. Les fiacres, les chaises de poste, les voitures publiques, en un mot, ne sont pas admis dans les parcs en Angleterre; les remises seuls sont exceptés. Nous passâmes près d'une de ces voitures qui se trouvait dans une situation difficile; les chevaux s'étaient effrayés, à la vue d'une brouette qui se trouvait sur le chemin; le cocher s'y était sans doute mal pris, et les roues de derrière de la voiture reculaient dans l'eau du canal; sans le lieutenant et moi, la voiture était submergée, et avec elle ceux qui s'y trouvaient.

Je jetai la brouette sous une des roues de devant, juste à temps pour prévenir la catastrophe, tandis que Marbre saisissait la roue de son poignet de fer. La brouette et lui opposèrent une résistance qui fit contre-poids. Il n'y avait point de laquais; je m'élançai à la portière, et j'aidai un homme âgé qui paraissait souffrant, une dame qui pouvait être sa femme, et une jeune personne, que je supposai être leur fille, à en sortir. Grâce à mon entremise, tous trois mirent pied à terre, sans même s'être mouillé les pieds; mais je ne m'en étais pas si bien tiré.

A peine furent-ils hors de la voiture, que Marbre, qui était enfoncé dans l'eau jusqu'aux épaules, et qui avait fait des efforts prodigieux pour maintenir l'équilibre, lâcha tout; la brouette céda au même moment, et toute la boutique, voiture et chevaux, alla rouler dans l'eau sens dessus dessous. Un des chevaux fut sauvé, je crois, et l'autre se noya; mais la foule s'était rassemblée, et je m'inquiétai peu de ce que devenait la voiture ; je ne songeais qu'à la cargaison qui était sauvée.

Le vieux monsieur me prit vivement les mains ainsi qu'à Marbre, disant que nous ne pouvions pas le quitter, et que nous allions le suivre. J'y consentis sans peine, pensant que je pourrais me rendre utile. En nous dirigeant vers l'une des entrées particulières du parc, je pus observer les personnes que je venais d'obliger ; elles avaient l'air très respectable, mais je connaissais assez le monde pour voir qu'elles appartenaient à ce qu'on appelle la classe moyenne en Angleterre. Je pensai que le monsieur pouvait être militaire ; la jeune personne était à peu près de mon âge, et décidément jolie ; c'était une aventure, pour le coup ! J'avais sauvé une demoiselle de dix-sept ans, et je n'avais qu'à en tomber amoureux pour devenir le héros d'un roman.

A la porte du parc, le vieux monsieur appela un fiacre, y fit monter les deux dames et nous pria de monter aussi, mais je n'y voulus pas consentir ; Marbre et moi nous étions trempés. Après quelques pourparlers, il nous donna son adresse, dans Norfolk-Street, et nous promîmes de passer chez lui en retournant à bord ; mais, au lieu de suivre la voiture, nous gagnâmes le Strand à pied, et nous n'eûmes rien de plus pressé que de dîner et de nous sécher.

Après le dîner, nous nous dirigeâmes vers

Norfolk-Street. On nous avait dit de demander le major Merton, ce que nous fîmes. C'était une de ces maisons garnies qui abondent dans ce quartier. Le major et sa famille occupaient le premier étage, ce qui est toujours d'assez bon ton. Il était évident, toutefois, que la famille ne menait pas ce grand train dont nous venions de voir tant d'exemples dans le parc.

— J'ai reconnu l'empressement et la galanterie du marin anglais dans votre conduite, messieurs, dit le major après nous avoir fait l'accueil le plus cordial, et tout en tirant de son portefeuille quelques billets de banque; je voudrais pouvoir vous offrir davantage, mais un jour, peut-être, il me sera permis de vous donner de meilleures preuves de ma reconnaissance.

En disant ces mots, le major présentait à Marbre deux billets de dix livres sterling, dont l'un m'était sans doute destiné. Suivant toutes les théories, et d'après l'opinion unanime du monde chrétien, les États-Unis sont le pays cupide par excellence; celui où l'on est le plus avide de gain.

Marbre écouta le major avec beaucoup d'attention et de respect, tout en agitant sa tabatière dans sa poche. La boîte fut ouverte au moment où le major finissait, et moi-même je commençais à craindre que la cupidité bien connue du Kennebunk ne cédât à la tentation, et que les billets n'allassent se placer bord à bord avec le tabac; mais je me trompais. Prenant une prise avec un grand sang-froid, le lieutenant referma la boîte, et alors fit sa réponse.

— C'est très généreux de votre part, major, dit-il; j'aime à voir faire convenablement les choses, il n'y a rien à dire; mais rengaînez votre argent, nous vous avons la même reconnaissance que si nous l'avions empoché; ainsi, n'en parlons plus, le compte est balancé. Je voudrais seulement vous dire, pour prévenir toute méprise, attendu que l'autre idée pourrait nous faire *presser*, ce qui ne nous irait pas, que nous sommes l'un et l'autre nés natifs des Etats-Unis.

— Des Etats-Unis! répéta le major en se redressant avec quelque raideur; alors, jeune homme, ajouta-t-il en se tournant de mon côté, vous ne refuserez pas ce léger témoignage de ma reconnaissance.

— Impossible, monsieur, répondis-je avec respect; nous ne sommes pas précisément ce que nous paraissons être, et les apparences vous trompent. Nous sommes les deux premiers officiers d'un bâtiment porteur de lettres de marque.

A ce mot d'officiers, le major retira sa main et s'empressa de nous faire des excuses; il ne nous comprenait pas bien encore, je le voyais clairement; mais du moins il avait assez de sagacité pour comprendre que nous n'accepterions pas d'argent. Il nous invita à nous asseoir, et la conversation continua.

— Maître Miles que voilà, reprit M. Marbre, a un domaine, appelé Clawbonny, sur les bords de l'Hudson, et il pourrait rester bien tranquillement chez lui à étudier le droit ou à faucher ses foins; mais quand le coq chante, le poulet veut chanter aussi. Son père a été marin, et voilà !

Cette annonce de ma position à terre ne me fit pas mal, et je pus remarquer un changement dans les manières de toute la famille, non pas qu'on m'eût traité avec dédain, ou même avec froideur, mais maintenant toute distance entre nous avait disparu. Je restai une heure avec les Mertons, et je promis de revenir avant de quitter l'Angleterre. C'est ce que je fis plus de douze fois, et le major, reconnaissant sans doute que j'étais mieux élevé qu'il ne l'avait supposé d'abord, me fournit les moyens de voir Londres sous un aspect favorable.

J'accompagnai la famille aux deux grands théâtres; j'avais eu soin de me faire habiller à neuf des pieds à la tête; et Emilie sourit la première fois qu'elle me vit dans mon nouveau costume, et je crus même qu'elle rougissait. C'était une jolie créature; douce et timide dans ses manières habituelles, mais au fond pleine de vivacité et d'élan, autant que j'en pouvais juger à l'expression toute anglaise de ses grands yeux bleus; et puis elle avait reçu de l'éducation; et, dans mon ignorance de la vie, je la croyais plus savante que toutes les jeunes filles de son âge.

Grace et Lucie étaient instruites l'une et l'autre, elles avaient reçu de bonnes leçons de M. Hardinge; mais le digne ministre, dans le fond de sa bicoque des Etats-Unis, ne pouvait donner aux deux jeunes filles les talents de tous genres qui, en Angleterre, sont à la portée d'une fortune même médiocre. Emilie Merton me semblait la merveille des merveilles; et lorsque j'étais assis à côté d'elle, je rougissais de mon ignorance en l'écoutant.

CHAPITRE XI

Sur la côte Ouest

Le capitaine Williams, désirant me témoigner sa reconnaissance pour le soin que j'avais pris du brig, me permit de passer à terre tout le temps que je lui demandai. Je pouvais ne jamais revoir Londres, l'occasion qui se présentait pour moi de visiter cette ville en aussi bonne compagnie était trop favorable pour qu'il voulût y mettre le moindre obstacle. Il eut soin, toutefois, de faire demander à un des employés du consulat ce que c'était que les Mertons, de peur que je ne fusse dupe de quelque adroit intrigant, comme il n'y en a que trop à Londres.

Les renseignements furent favorables. Le major avait été longtemps employé dans les Indes occidentales, où il avait encore une position demi-militaire assez modeste; il était venu en Angleterre pour régler des affaires longues et compliquées, et en même temps pour retirer de pension Emilie, son unique enfant; il devait, dans quelques mois, retourner à son ancien poste, ou aller en occuper quelque autre. C'est ce que j'avais appris déjà d'Emilie elle-même; ce qu'elle m'avait dit se trouva pleinement confirmé par le témoignage de l'employé du consulat. Les Mertons étaient incontestablement dans une position respectable, quoiqu'elle n'eût rien de bien relevé. J'appris de plus du major qu'il avait quelques parents aux Etats-Unis, son père s'étant marié à Boston.

Pour ma part, j'avais à m'applaudir autant que les Mertons de l'heureux hasard qui m'avait mis en rapport avec eux. Si j'avais été l'instrument employé par la Providence pour leur sauver la vie, ce dont on ne pouvait douter, ils me faisaient connaître le monde, pour employer l'expression reçue, mieux que je ne l'avais connu dans toute ma vie précédente.

Quant à Emilie Merton, elle avait, dans sa conversation avec moi, un ton de franche amitié, et j'étais heureux d'entendre de jolies pensées élégamment exprimées par sa jolie bouche. Je pouvais m'apercevoir qu'elle me trouvait un peu rustique et un peu provincial; mais je n'avais pas fait le voyage de Canton pour me laisser intimider par une enfant, quelque belle et quelque aimable qu'elle fût. En somme, et je puis le dire aujourd'hui, à mon âge, sans être accusé de vanité, je pense avoir laissé à ces braves gens une opinion de moi favorable. Peut-être Clawbonny eut-il quelque influence en cette affaire; ce qu'il y a de certain, c'est que, quand je fis ma dernière visite, Emilie elle-même parut triste, et sa mère m'assura que tout le monde me regrettait bien sincèrement. Le major me fit promettre d'aller le revoir, soit à la Jamaïque, soit à Bombay, où il espérait se rendre dans quelques mois avec sa femme et sa fille.

La Crisis mit à la voile au jour désigné, et au bout d'une semaine elle quitta les dunes pour entrer en mer, favorisée par le vent du sud.

Je ne m'arrêterai pas sur tous les petits incidents qui signalèrent notre longue traversée. Nous touchâmes à Madère; nous y prîmes des fruits, des légumes et de la viande fraîche. Notre première station ensuite fut à Rio, où nous devions trouver des lettres de notre pays, ainsi que le capitaine en avait reçu avis. Ces lettres étaient pleines d'éloges de notre bonne conduite, ayant été écrites depuis l'arrivée de *la Dame-de-Nantes*, mais, à mon grand désappointement, il n'y avait pas une ligne pour moi.

Nous restâmes peu de temps à Rio, et nous quittâmes le port, favorisés par un vent du travers qui nous porta promptement au cinquantième degré; mais comme nous approchions de l'extrémité méridionale du continent américain, le temps devint lourd et le vent contraire. Nous étions alors dans le mois qui correspond à novembre dans l'autre hémisphère, et nous avions à doubler le cap Horn dans une bien mauvaise saison pour gagner dans l'ouest.

Ce fut, en effet, dans les parages de ce cap, que je fus pour la première fois témoin d'une véritable tempête, la plus furieuse peut-être, que j'aie jamais subie dans mon existence de marin.

Malgré tout, notre navigation fut relativement heureuse. Il n'empêche que je me rappellerai toujours la sensation délicieuse que j'éprouvai en jetant les yeux autour de moi, lorsque *la Crisis* entra en plein Océan. Nous plongeâmes dans la vaste mer Pacifique, dont les vagues majestueuses venaient battre le rivage, éclairées par un soleil radieux, sous un ciel splendide.

Puis nous fûmes pleinement au large, avançant vers le nord avec autant de voiles que nous en pouvions porter, et heureux d'avoir si admirablement échappé au voisinage de la Terre de Feu et de ses mers orageuses.

Je passe sur notre traversée le long des côtes occidentales de l'Amérique du sud; un voyage dans la mer Pacifique était, en 1800, autre chose que ce qu'il est aujourd'hui. La domination de l'Espagne était encore dans toute sa force, et les relations avec tout autre pays que la mère-patrie étaient sévèrement prohibées.

Un vieux proverbe dit que le vice est deux fois plus actif que la vertu; la vertu sommeille, tandis que le vice travaille avec ardeur. Si cela est vrai, c'est surtout en ce qui concerne les contrebandiers et les officiers de la douane. Comme je ne veux pas tromper les lecteurs, quelques torts que j'aie pu avoir vis-à-vis des lois espagnoles, je dois avouer que nous fîmes une ou deux affaires en avançant vers le nord, débarquant certains articles dont nous avions fait l'emplette à Londres, et recevant à bord des dollars en échange de notre civilité.

Je ne sais si je dois chercher à justifier la part que j'ai prise à ces transactions irrégulières;

quant au capitaine Williams, il n'était pas facile de savoir au juste son opinion théorique sur la contrebande; mais en ce qui touche la pratique, je n'ai jamais eu aucun motif de douter qu'il ne fût fortement attaché au principe de la liberté du commerce. Marbre me rappelait certain éditeur d'un journal bien connu à New-York, lequel est intimement convaincu que tout ce qui existe au ciel et sur la terre, le soleil, la lune et les étoiles, l'espace qui est au-dessus de nos têtes et les profondeurs qui sont sous nos pieds, l'univers, en un mot, a été créé pour fournir matière à des articles de journal. Le digne officier croyait, lui aussi, de bonne foi que les côtes, les baies, les rades et les ports étaient destinés par la nature à introduire des marchandises à terre, lorsque les droits ou les prohibitions ne permettaient pas de procéder d'une manière plus légale. La contrebande, à son point de vue, était plus honorable que le commerce régulier, parce qu'elle exigeait plus d'adresse.

Je ne raconterai pas en détail les opérations de *la Crisis*, dans les cinq mois qui suivirent sa sortie du détroit de Magellan. Il me suffira de dire qu'elle jeta l'ancre à divers points de la côte, que tout ce qui sortit des écoutilles fut débarqué, et que tout ce qui fut reçu à bord fut descendu à fond de cale. Sept fois des gardes-côtes nous firent la chasse, nous eûmes le bonheur de leur échapper, bien qu'ayant essuyé à trois reprises leur feu roulant.

Après avoir enfin quitté le territoire espagnol, nous gouvernâmes au nord, dans le but louable d'échanger contre des pelleteries de valeur une certaine quantité de verroteries, de couteaux grossiers, de poêles, et autres ustensiles domestiques.

A cette époque, aucune partie de la côte nord-ouest n'était encore occupée par les blancs, et je n'éprouvai aucun scrupule à trafiquer avec les naturels du pays qui venaient avec leurs peaux, dès que nous avions jeté l'ancre, les considérant comme légitimes propriétaires du pays et de tous ses produits. Nous employâmes plusieurs mois à ce trafic, retirant partout quelque profit pour nous dédommager de nos peines.

Nous allâmes au nord jusqu'au cinquante-troisième degré, et c'est ce que j'ai su de plus positif sur notre dernière situation. Je pensais alors que nous avions jeté l'ancre dans quelque baie du continent; mais, depuis, j'ai été disposé à croire que c'était près d'une des îles qui abondent sur ces bords accidentés. Nous y trouvâmes un excellent mouillage, où nous fûmes conduits par un pilote du pays, qui nous aborda à une distance de plusieurs lieues en mer, et qui savait assez d'anglais pour expliquer au capitaine qu'il nous conduisait dans un lieu où nous aurions des peaux de loutre à foison, et il ne nous trompa point, bien que jamais guide de plus mauvaise mine n'eût pu être soupçonné de vouloir tromper des chrétiens.

Il nous conduisit dans une petite baie où nous trouvâmes beaucoup d'eau, un bon ancrage et un bassin uni comme la surface d'un lac. Toutefois, le vent du nord-ouest eût pu y être très sensible, si l'effet ne s'en était trouvé amorti par une petite île située à l'entrée, qui laissait de part et d'autre une issue suffisante pour communiquer aisément avec la mer. Le bassin lui-même était un peu étroit, il est vrai, mais il suffisait pour un seul navire. Il pouvait avoir trois cents toises de diamètre, et je n'ai jamais vu une étendue d'eau, qui ne fût pas l'œuvre de l'homme, se rapprocher autant de la forme d'un cercle.

Dans un pareil endroit, le lecteur imagine bien que nous ne voulûmes pas nous aventurer sans avoir pris les précautions convenables ; Marbre fut envoyé d'abord pour reconnaître les lieux et pour sonder, et ce fut sur son rapport que le capitaine Williams se décida à faire entrer notre bâtiment.

A cette époque, les navigateurs sur la côte nord-ouest devaient se prémunir avec soin contre les trahisons et les violences des naturels ; aussi la situation de notre rade était-elle de nature à nous inspirer quelque défiance ; car, étant amarrés au centre, nous ne nous trouvions qu'à une portée de flèche du rivage, dans tous les sens, excepté du côté de l'étroite entrée du bassin. C'était un ancrage excellent contre les dangers de la mer, mais peu rassurant contre ceux dont pouvaient nous menacer les sauvages. C'est ce que nous reconnûmes dès que nous eûmes jeté l'ancre ; mais, n'ayant l'intention de rester que le temps nécessaire pour nous procurer les peaux qu'on nous avait dit être prêtes pour le premier bâtiment qui paraîtrait, nous nous en fiâmes à notre vigilance pour notre sûreté dans l'intervalle.

Je n'ai jamais pu fixer dans ma mémoire les expressions barbares des sauvages, plus barbares encore, qui habitent ces lointaines régions. Notre pilote avait certainement un nom de son pays, mais ce nom n'eût pu être prononcé sans beaucoup d'efforts par une langue chrétienne, et nous l'appelâmes *le Plongeur*, à cause de la manière dont il s'était enfoncé dans l'eau en entendant un coup de fusil que Marbre avait tiré uniquement pour décharger son arme.

A peine étions-nous entrés dans le petit bassin, que le Plongeur nous quitta, et il revint une heure après dans un canot chargé jusqu'au bord de peaux magnifiques ; il était accompagné de trois sauvages qui avaient l'air aussi farouche et aussi cupide que lui. Ces auxiliaires reçurent de nous, cette après-midi même, à raison de diverses petites circonstances, les sobriquets d'Echalas, de Pot d'Etain et de Nez Fendu; ce n'étaient, certes, pas des noms héroïques, mais ceux qui les portaient n'avaient rien en effet de ce caractère héroïque que présente souvent l'homme dans l'état sauvage.

Le Plongeur et ses compagnons nous vendirent cent trente peaux de loutre dans l'après-midi même ; c'était déjà une compensation suffisante du risque que nous avions couru en entrant dans ce bassin inconnu. On parut de part et d'autre satisfait du résultat du troc, et on nous fit entendre qu'en prolongeant notre séjour, nous pouvions espérer six ou huit fois le même nombre de peaux. Le capitaine était enchanté de l'opération avantageuse que nous venions de faire, et, ayant vu se réaliser toutes les promesses du Plongeur, il se décida à rester dans le même parage un jour ou deux, afin d'y faire de plus amples provisions.

Dès que cette résolution fut communiquée aux sauvages, ils témoignèrent beaucoup de joie. Pot d'Etain et Nez Fendu furent envoyés à terre pour en donner avis, tandis que le Plongeur et l'Echalas restèrent à bord, dans les termes de la meilleure intelligence avec tout l'équipage ; mais, les *gentlemen* de la côte nord-ouest étant bien connus pour leur friponnerie, tout le monde reçut l'ordre d'avoir les yeux ouverts sur nos deux hôtes, le capitaine Williams étant bien décidé à les châtier vigoureusement s'il les surprenait à faire quelqu'un de leurs tours habituels de prestidigitation.

Marbre et moi, nous remarquâmes que le canot dans lequel partirent les messagers n'allait pas à la mer, mais entrait dans une petite crique qui communiquait avec l'ouverture de la baie. Comme le service ne nous retenait pas à bord, nous demandâmes au capitaine la permission d'aller explorer cet endroit, et en même temps de faire une reconnaissance plus approfondie de la rade.

Notre demande nous ayant été accordée, nous descendîmes dans le canot avec quatre hommes, tous bien armés, et nous nous disposâmes pour notre petite expédition. L'Echalas, vieil Indien, sec, à tête grise, mais ayant les muscles aussi forts que d'épaisses lanières, était seul sur le pont, pendant que cette opération s'effectuait. Il examinait attentivement toutes nos manœuvres, et, quand il nous vit descendre dans l'embarcation, il se laissa glisser sur le flanc du canot du plus grand sang-froid, et prit place à l'arrière avec autant de calme et de dignité que s'il eût été capitaine.

Marbre n'entendait pas la plaisanterie sur la discipline en pareille occasion ; aussi la familiarité et l'impudence du procédé ne lui plurent-elles qu'à demi.

— Qu'en pensez-vous, Miles? me demanda-t-il avec un peu d'humeur. Prendrons-nous avec nous cet orang-outang desséché, ou faut-il lui faire prendre un bain pour le blanchir un peu?

— Laissez-le, je vous en conjure, monsieur Marbre. Je suis sûr qu'il veut nous être utile, mais que, seulement, il s'y prend mal pour nous le témoigner.

— Utile! il n'a pas plus de valeur que la carcasse d'une baleine dépouillée de toute son huile. Je vous assure, Miles, que nous n'aurions pas de grands efforts à faire pour dépouiller ce lapin maigre.

Marbre fut si content de ce trait d'esprit qu'il redevint de bonne humeur, et permit au drôle de rester avec nous.

Je me rappelle, comme si c'était hier, les pensées qui traversèrent mon esprit dans ce moment, tandis que le canot se dirigeait vers la crique. Je regardais la créature demi-humaine qui était assise en face de moi, et j'admirais les décrets de la divine Providence, qui permettait qu'un être qui avait reçu de Dieu une portion de son ineffable nature, tombât dans une situation aussi dégradante. J'avais vu des animaux en cage qui m'avaient paru tout aussi intelligents; j'avais vu des singes, des babouins, ces nombreuses familles qui semblent parodier la nature humaine, dont l'aspect était tout aussi agréable à l'œil. L'Echalas semblait presque entièrement dépourvu d'idées ; pour ses échanges, il s'en était rapporté complètement aux soins du Plongeur, que nous supposâmes avoir quelque parenté avec lui, et les objets qu'il reçut en échange de ses peaux n'amenèrent pas sur sa physionomie morne et renfrognée la plus légère marque de satisfaction.

Le bassin où *la Crisis* était mouillée était entouré de toute part de forêts ; les arbres mêmes, en beaucoup d'endroits, avançaient sur l'eau, et, lorsqu'ils étaient en feuilles, ils couvraient d'un rideau impénétrable tout ce qui pouvait se passer à l'intérieur. On ne découvrait aucune apparence d'habitation quelconque, et, quand nous approchâmes du rivage, Marbre fit remarquer que les sauvages pouvaient ne venir en cet endroit que quand ils avaient déterminé un navire à entrer dans la baie pour trafiquer avec eux.

— Non, non, ajouta l'officier en tournant la tête dans tous les sens, afin d'examiner avec soin toute la baie, il n'y a pas de wigwam dans les environs ; ce n'est qu'un comptoir, et, heureusement pour nous, on n'y trouve pas de douaniers.

— Mais on y trouve des contrebandiers, je l'imagine, monsieur Marbre, si l'on peut appeler contrebande le fait de s'emparer de la propriété d'autrui à son insu. Je n'ai jamais vu un coquin ayant plus mauvaise mine que celui à qui nous avons donné le sobriquet de Plongeur ; je crois qu'il avalerait une de nos cuillers de fer plutôt que de ne pas l'emporter.

— Oui, vous ne vous trompez pas à son égard, maître Miles, comme Neb vous appelle ; mais le drôle ici présent n'a pas assez de cervelle pour discerner sa propriété de celle d'un autre. Je l'introduirais dans notre soute à pain, sans craindre qu'il eût assez d'intelligence pour savoir manger. Je n'ai jamais vu tant de nullité sur une figure humaine ; un idiot des basses régions de l'est l'entortillerait dans un marché, avec autant de facilité qu'en peut avoir un colporteur à faire aller ses horloges de bois.

Telle était l'opinion de Marbre sur la sagacité de l'Echalas, et, à dire la vérité, c'était aussi, en grande partie, la mienne. Nos hommes sourirent de ces remarques ; les marins sont toujours disposés à rire des plaisanteries du second ; et leurs regards témoignèrent combien leurs pensées s'accordaient avec les nôtres. Pendant ce temps, le canot avançait, et il atteignit bientôt l'embouchure de la petite crique.

Nous trouvâmes la passe longue, mais étroite et sinueuse ; comme la baie, elle était garnie d'arbres et de buissons, qui empêchaient de rien voir à terre, d'autant plus que les rives avaient [illegible] pieds d'élévation. À raison de cette circonstance, Marbre nous proposa d'aborder des deux côtés de la crique, et d'en suivre à pied les détours, jusqu'à une certaine distance, afin de mieux reconnaître les lieux. Nous nous dispersâmes aussitôt. Marbre et un des hommes de l'équipage débarquèrent avec leurs armes d'un côté, tandis que Neb et moi, également armés, nous abordions sur l'autre bord. Les deux hommes qui restaient reçurent l'ordre de nous suivre dans le canot, pour être prêts à nous prendre à bord, lorsque nous le demanderions.

— Laissez l'Échalas dans le canot, Miles, me cria Marbre à travers la crique, tandis que j'allais mettre pied à terre.

Je fis en effet un signe à ce sauvage, mais quand j'eus atteint le haut du rivage, je m'aperçus que le drôle était à mes côtés. Il était si difficile de se faire comprendre d'une pareille créature sans le secours de la parole, qu'après une ou deux tentatives infructueuses pour le congédier par signes, j'abandonnai la partie, et je marchai en avant de manière à me maintenir en ligne avec mes compagnons. Neb m'offrait d'empoigner le vieux coquin, et de le porter dans le canot ; mais je crus prudent d'éviter tout ce qui pouvait ressembler à de la violence. Nous continuâmes donc notre route suivis de cet étrange compagnon.

Il n'y avait rien jusque-là qui fût de nature à

[illegible] où j'[illegible] distance. Nous nous trouvions dans une forêt vierge, avec sa nature sauvage, son humidité, ses ombrages épais, ses arbres morts ou tombés, et son terrain accidenté. Du côté de la crique où je me trouvais, il n'y avait pas la moindre trace de pas humains, et Marbre nous appela bientôt pour nous dire qu'il n'y en avait également aucun vestige de son côté. Je crois que nous fîmes ainsi environ un mille, sûrs de ne pas nous égarer au retour à l'aide de la crique dont nous suivions les bords. Enfin on nous cria du canot qu'il n'y avait plus assez d'eau pour permettre d'avancer. Marbre et moi, nous descendîmes ensemble du rivage, pour remonter à bord. L'Echalas se coula à son ancienne place, en gardant toujours le même silence.

— Je vous avais dit de ne point emmener cet [illegible] outang, dit nonchalamment Marbre, en se levant près de nous après nous avoir aidés à [illegible]er de bord. J'aimerais mieux avoir affaire à un serpent à sonnettes qu'à un pareil ourson.

— C'est plus aisé à dire qu'à faire, monsieur; l'Echalas tient à moi comme une vraie sangsue.

— Le drôle semble se trouver au mieux de sa promenade. Je ne lui ai jamais vu une physionomie aussi aimable que celle qu'il a en ce moment.

Cette observation me fit sourire et excita mon

attention. Pour la première fois, je vis quelque chose de semblable à une expression humaine dans les traits de l'Echalas, qui paraissait éprouver une sensation voisine de la satisfaction.

— Je pense plutôt qu'il s'était imaginé que nous allions abandonner les chaudières du bâtiment, et qu'il craignait de se passer de souper. Maintenant il voit bien que nous retournons, et il se dit sans doute qu'il n'ira pas se coucher l'estomac vide.

Marbre trouva ma conjecture fondée, et nous changeâmes de conversation. Nous nous étonnions de n'avoir rien trouvé près de la crique qui ressemblât à une habitation, et de n'avoir découvert ni l'un ni l'autre le moindre signe qui annonçât la présence de l'homme. On devait raisonnablement s'attendre à rencontrer au moins les traces d'un campement. Chacun plongeait un regard curieux sur le rivage pendant que nous descendions la crique, mais nous ne vîmes pas plus de traces humaines qu'en la montant.

Arrivés à la baie, comme nous avions encore plusieurs heures de jour, nous en fîmes le tour sans plus de succès. Enfin Marbre nous proposa de pousser jusqu'à la petite île boisée, située un peu en dehors de l'entrée de la rade, pensant que les sauvages pouvaient bien y être campés, vu que la position en était beaucoup plus commode pour observer la pleine mer, qu'aucun point de l'intérieur de la baie. Pour cela, il fallut passer près du bâtiment, et nous y fûmes hélés par le capitaine, qui désirait savoir le résultat de notre examen.

Dès qu'il eut appris nos intentions, il nous fit approcher, voulant nous accompagner en personne. En descendant dans le canot, qui était assez étroit et un peu trop chargé à cause de l'Échalas, le capitaine Williams fit signe à ce personnage de sortir. Il eût pu s'adresser tout aussi bien à l'un des bancs. Riant de la stupidité ou de l'obstination du sauvage, car nous ne savions trop comment qualifier sa conduite, nous dirigeâmes le canot vers l'entrée de la baie, à une distance de deux cents verges à peu près, jusqu'à ce que notre quille vint heurter contre les bas-fonds de l'îlot.

Nous n'eûmes aucune peine à aborder, et Neb, qui précédait le détachement, fit bientôt entendre un cri, signe de quelque découverte. Chacun de nous se tint prêt à se servir de ses armes, croyant rencontrer un campement de sauvages, mais notre attente fut trompée. Tout ce que le nègre avait découvert, c'était la preuve non équivoque d'une occupation antérieure, et même, à en juger d'après certains signes, assez récente.

Les traces étaient considérables, couvrant près de la moitié de l'intérieur de l'île ; mais on avait laisser subsister un rideau d'arbres et de buissons assez épais pour dérober complètement le lieu à tous les regards du dehors. Beaucoup d'arbres avaient été brûlés sur pied; nous crûmes d'abord que c'était pour faire du feu, mais un examen plus approfondi nous convainquit que cela avait eu lieu par accident plutôt qu'à dessein.

Nous ne fîmes d'abord aucune découverte dans ce campement qui ne semblait pas avoir servi dans toute son étendue depuis de longues années, bien que les traces de feux nombreux, les vestiges de pas, ainsi qu'une source située au centre, indiquassent une occupation récente sur ce point. Mais un examen plus attentif nous fit apercevoir certains objets que nous vîmes avec autant d'intérêt que d'étonnement.

Marbre fit la première découverte. Il était impossible à des marins de se tromper sur la nature de l'objet qui n'était autre que la tête d'un gouvernail contenant encore le trou de la barre, et qui pouvait avoir appartenu à un bâtiment de deux cent cinquante ou de trois cents tonneaux. Nous nous mîmes alors tous à l'œuvre, et, en peu de minutes, nous trouvâmes dispersés autour de nous des fragments de planches, des allonges, des varangues et autres parties d'un bâtiment, toutes plus ou moins brûlées, et dépouillées de tout le métal qui pouvait s'y trouver. Les clous mêmes avaient été détachés à force de persévérance et de travail. On n'avait laissé que le bois, qui était de chêne, de cèdre et d'acacia, ce qui prouvait que ce malheureux navire avait une certaine valeur.

Nous étions d'abord trop absorbés par notre importante découverte pour nous occuper de l'Echalas. A la fin je me retournai vers le sauvage, pour voir quel effet elle produisait sur lui. Il examinait évidemment nos démarches; mais ses sentiments, s'il y en avait chez une pareille créature, étaient enveloppés d'un masque épais de stupidité, qui défiait toute ma pénétration. Il nous voyait prendre, examiner et rejeter les débris les uns après les autres, il nous entendait causer, bien que dans une langue qui lui était étrangère, sans cesser de témoigner la plus complète impassibilité. Il finit cependant par apporter au capitaine une bûche à demi-brûlée, et la lui mit devant les yeux, comme s'il commençait à prendre quelque intérêt à nos recherches. Il se trouva que c'était un morceau de bois ordinaire, qui avait appartenu à un des hêtres de la forêt, et qui faisait partie des restes d'un bûcher.

En parcourant les alentours de ce campement abandonné, nous trouvâmes les traces d'un sentier qui conduisait au rivage; elles étaient trop évidentes pour qu'on pût s'y méprendre, et elles aboutissaient à la mer du côté opposé à celui par lequel le Plongeur avait fait entrer *la Crisis*, et sur un point qu'on ne pouvait découvrir du lieu où nous étions à l'ancre.

Nous y trouvâmes dans une espèce de plage de débarquement plusieurs des débris plus considérables du bâtiment naufragé, ceux qu'on n'avait pas jugé nécessaire de porter au feu parce qu'il ne s'y trouvait pas de métal. Parmi des objets de cette nature se trouvaient une portion de la quille, qui avait presque trente pieds de longueur, les chevilles de la carlingue, la carlingue, avec les varangues, le tout tenant encore ensemble. Ce fut là seulement que nous trouvâmes un peu de métal, et uniquement parce que le fragment était trop lourd et trop considérable pour pouvoir être transporté.

Nous regardâmes avec soin dans tous les sens, espérant découvrir quelque indice du désastre dont ce lieu avait été le théâtre; ce fut sans succès pendant quelque temps. Mais à la fin, en rôdant à quelque distance de la côte, je m'assis sur une pierre plate qu'on avait placée sur la roche vive qui couvrait la plus grande partie de l'île, évidemment afin de servir de siège. Me trouvant mal assis, je déplaçai la pierre pour la mettre d'aplomb, et je décrouvris qu'elle posait sur une ardoise provenant de la table de loch. Cette ardoise était couverte de caractères encore très-lisibles, et bientôt tous mes compagnons furent autour de moi, impatients de savoir ce qui y était écrit. La triste inscription était conçue en ces termes :

« Le brig américain *la Loutre de Mer*, capitaine John Squires, attiré par artifice dans cette baie, le 9 juin 1797, et surpris par les sauvages dans la matinée du 11. Le capitaine, le second lieutenant et sept hommes de l'équipage tués sur la place. Le brig pillé d'abord, puis traîné jusqu'ici et brûlé jusqu'à fleur d'eau pour en retirer le fer. David King, premier lieutenant, et six autres, savoir : George Lunt, Henry Webster, Stephen Stimpson, et John Harris, matelots, Bill Flint, cuisinier, et Peter Doolitle, mousse, encore vivants, mais Dieu seul sait quel sort leur est réservé. Je mettrai cette ardoise sous la pierre sur laquelle je suis assis maintenant, dans l'espoir que nos amis pourront être ainsi avertis un jour de ce qui nous est arrivé. »

Nous nous regardions les uns les autres, frappés de stupéfaction. Le capitaine et Marbre se rappelèrent en effet avoir entendu dire qu'un brig, nommé *la Loutre*, faisant le commerce dans ces parages, s'était perdu, et maintenant une révélation qui tenait presque du miracle nous mettait dans le secret des causes de sa disparition.

— *Attiré par artifice !* répétait le capitaine, en parcourant des yeux l'écrit, qui s'était si admirablement conservé, dans une situation où il aurait dû mille fois être découvert. Oui, [illegible] je commence à comprendre toute l'affaire. Si nous avions un peu de vent, messieurs, je mettrais à la voile cette nuit même.

— Cela n'en vaudrait guère la peine, capitaine Williams, répondit le premier lieutenant, puisque nous sommes maintenant sur nos gardes, et que je suis bien certain qu'il n'y a pas de sauvages dans notre voisinage. Au contraire, le Plongeur et ses amis ont trafiqué avec nous très loyalement, et il est à croire qu'ils ont encore d'autres peaux à nous donner. Le [illegible] que notre équipage a baptisé du nom de l'Échalas, prend la chose si froidement que je le crois dans l'ignorance complète de tout ce qui concerne *la Loutre*, qui peut bien après tout avoir été pillée par une autre bande.

Ces observations étaient assez raisonnables, et elles firent effet sur l'esprit du capitaine. Il se décida toutefois à mettre l'Échalas à l'épreuve, en lui montrant l'ardoise, et en lui faisant subir un examen aussi scrupuleux que pouvait le permettre le langage des gestes.

Un spectateur indifférent n'eût pu s'empêcher de rire en voyant nos efforts pour mettre l'Indien en défaut. Nous faisions des gestes, des grimaces, des contorsions de tout genre, tout fut inutile. l'Échalas demeura aussi impassible que les [illegible] avec lesquels on le confrontait. Le [illegible] comprenait pas, ou ne voulait pas nous comprendre; sa stupidité déjouait tous nos efforts, et Marbre finit par abandonner la partie, en déclarant que cet animal ne connaissait rien au monde, et encore moins la *Loutre de Mer*. Quant à l'ardoise, il ne semblait pas soupçonner ce que pareille chose pouvait signifier.

Nous retournâmes au navire, où nous rapportâmes l'ardoise, et nous rendîmes compte de nos découvertes. Tout l'équipage fut convoqué, et le capitaine nous fit un discours suffisant pour la circonstance, bien que ce ne fût rien moins qu'un morceau d'éloquence inspirée. Il nous rappela que beaucoup de bâtiments avaient péri par suite de la négligence de leurs équipages, et que nous étions sur la côte nord-ouest, où un navire ayant quelques boîtes de grains de colliers et quelques ballots de couvertures, sans parler de la poudre, des armes à feu et des métaux, avait autant de valeur qu'un bâtiment chargé de poudre d'or dans un des ports des États-Unis. La vigilance pendant le quart et la stricte observation de la discipline, en cas d'alarme, furent les deux points sur lesquels il insista. En observant ces deux conditions incontestables, nous serions sauvés, tandis qu'en les négligeant, nous partagerions probablement le sort de l'équipage du brig dont nous venions de découvrir les débris.

J'avoue que je passai une fort mauvaise nuit.

Un ennemi inconnu est toujours formidable, et j'aurais mieux aimé avoir à combattre trois gardes-côtes à la fois, que de me trouver, comme nous étions alors, dans une baie aussi unie qu'une glace et entourée de forêts aussi silencieuses qu'un désert.

Il n'y eut toutefois aucun événement ; le Plongeur et l'Echalas soupèrent avec l'appétit de l'innocence calomniée, et dormirent comme des sabots. S'ils étaient coupables, il fallait qu'ils fussent complètement dépourvus de conscience. Quant à nous, nous fûmes sur le qui-vive pendant toute la nuit, époque où le danger, s'il y en avait réellement à courir, devait sans doute être le plus grand. Au point du jour, tous ceux qui n'étaient pas de quart, et même quelques-uns de ceux qui étaient en vigie, cédèrent à la fatigue ; il n'arriva rien pourtant. Le soleil reparut, dorant de ses rayons la cime des arbres ; notre petite baie commença à briller de tout son éclat, et la joie que donne toujours un pareil spectacle dissipa presque entièrement nos inquiétudes.

CHAPITRE XII

L'Echalas

L'Echalas et le Plongeur se conduisirent admirablement tout le jour suivant. Le bœuf, le porc et le pain, ces grandes nécessités de la vie, que les Européens considèrent volontiers comme le premier mobile de l'existence aux Etats-Unis, semblaient absorber toutes leurs pensées, et, quand ils ne mangeaient pas, ils étaient occupés à dormir. Nous nous fatiguâmes à la fin d'observer de pareils animaux, et nous tournâmes nos pensées vers d'autres sujets.

Le Plongeur nous avait fait entendre qu'il devait s'écouler quarante-huit heures avant que nous vissions arriver de nouvelles peaux, et le capitaine Williams, passant de l'alarme à une extrême sécurité, se décida à profiter d'un aussi beau jour pour amener ou plutôt pour dégréer les trois mâts de hune, et pour remettre en état leur gréement. En conséquence, à neuf heures, tout le monde se mit à l'ouvrage, et, avant midi, le navire était tout à fait en déshabillé.

Nous envoyâmes sur le pont le moins de choses possible, conservant même les vergues de hune, bien que sans bras ni balancines, en les assujettissant contre la hune, mais les mâts furent amenés aussi bas qu'on le put, sans que les basses vergues allassent toucher les bastingages. En un mot, nous annulâmes complètement nos moyens d'appareillage, sans toutefois encombrer le pont. La sûreté du hâvre et l'extrême beauté du temps avaient encouragé le capitaine à ordonner cette manœuvre, les appréhensions de toute nature semblant avoir complètement disparu de son esprit.

On travailla avec ardeur ; notre équipage n'était pas seulement robuste, il était intelligent, et nos Philadelphiens étaient dans leur élément, dès qu'il s'agissait de gréement. Au coucher du soleil, on examina avec soin les avaries des cordages, dont toutes les garnitures furent refaites à neuf ; le gréement du mât de hune fut mis en état et replacé sur le mât, et tout fut disposé pour hisser la mâture le lendemain matin ; mais un jour d'activité aussi extraordinaire exigeait une bonne nuit de repos, et tout l'équipage reçut l'ordre de se retirer immédiatement après le souper. Le navire devait être confié, pendant la nuit, à la vigilance du capitaine et des trois lieutenants.

Le quart fut établi à huit heures, pour être

relevé de deux heures en deux heures. Mon tour commençait à minuit, et devait durer jusqu'à deux heures; Marbre devait me remplacer de deux à quatre heures, et tout le monde ensuite devait être sur pied pour hisser nos mâts. Quand j'arrivai sur le pont, à onze heures, je trouvai le troisième lieutenant conversant, comme il le pouvait, avec le Plongeur, qui, ayant dormi, ainsi que l'Echalas, une bonne partie du jour, paraissait disposé à passer la nuit à fumer.

— Combien de temps y a-t-il que ces Indiens sont sur le pont? demandai-je au troisième lieutenant, au moment où il allait descendre.

— Pendant tout mon quart. Je les ai trouvés avec le capitaine, qui m'a transmis leur compagnie. Si le Plongeur comprenait quelque chose à une langue humaine, on pourrait tirer quelque parti de sa société; mais je suis aussi fatigué de lui faire des signes que je l'aie jamais été de la journée la plus laborieuse.

J'étais armé, et j'aurais rougi de témoigner quelque crainte d'un homme sans armes; d'ailleurs, les deux sauvages ne me donnaient aucun motif de défiance particulier. Le Plongeur était assis sur le guindeau, où il fumait sa pipe avec un air de philosophie qui eût fait honneur au plus grave de tous les babouins. Quant à l'Echalas, il ne paraissait pas avoir assez d'intelligence pour fumer; occupation qui, au moins, a le mérite de donner une apparence de sagesse et de réflexion. En ce moment, tandis que son compagnon s'amusait à fumer sur le guindeau, il rôdait sur le pont, comme un porc eût pu le faire à sa place, et sans paraître avoir plus d'idées.

Je commençai mon quart avec un sentiment bien vif de l'étrangeté de notre situation. La sécurité qui régnait à bord me frappait comme étant peu naturelle, et cependant je ne pouvais découvrir pour le moment aucun motif particulier d'alarme. Je pouvais être, il est vrai, jeté par-dessus le bord ou égorgé par les deux sauvages, mais quel intérêt avaient-ils à me faire périr, puisqu'ils n'auraient pu se débarrasser du reste de l'équipage sans être découverts ? Les étoiles brillaient au ciel, et un canot ne pouvait guère approcher du navire sans que je le visse ; circonstance qui, à elle seule, diminuait sensiblement le danger. Je passai le premier quart d'heure à faire ces réflexions ; puis, m'habituant à ma situation, je commençai à moins m'en occuper, et je revins à d'autres pensées.

Clawbonny, Grace, Lucie et M. Hardinge venaient souvent s'offrir à mon imagination dans ces mers reculées. Il était rare que je fisse la nuit un quart paisible sans revoir les scènes de mon enfance et sans me promener dans mon petit domaine, accompagné de ma bien-aimée sœur et de son amie, qui m'était presque aussi chère. Que d'heures j'ai passées ainsi, sur les vastes solitudes de la mer Pacifique et du grand Océan ; avec quelle fidélité ma mémoire me retraçait toutes les grâces qui ornaient le corps et l'esprit de ces jeunes filles chéries !

Un moment vint où je songeai à Lucie, à sa jolie voix ; mes pensées se reportèreut sur un air qu'elle chantait habituellement, et je demeurai pendant quelques minutes appuyé sur la balustrade, fredonnant l'air à voix basse, et m'efforçant de me rappeler non-seulement les paroles, mais même la douce voix qui leur donnait une expression si touchante.

C'est ce que je faisais quelquefois à Clawbonny, et de temps en temps Lucie me mettait sa belle petite main sur la bouche, comme pour me dire en plaisantant : « Miles, Miles ! n'estropiez pas un air aussi joli ! vous ne réussirez jamais en musique, vous y perdriez votre latin ». Quelquefois elle se glissait derrière moi, et, au moment même où je m'appuyais sur la balustrade, je crus l'entendre remuer près de mon épaule et la sentir appliquer délicatement la main sur mes lèvres, afin de m'empêcher de chanter.

L'impression, cette fois, fut si vive, que je voulus prendre cette main si douce pour la baiser ; l'objet que je rencontrai était loin d'être doux, il était passé entre mes dents et serré assez étroitement pour qu'il me fût impossible d'appeler. Au même instant, mes bras furent saisis par derrière et serrés comme dans un étau. Me retournant, autant que je pouvais le faire, je reconnus que j'avais senti le souffle de l'Echalas, à un pouce de mon oreille, pendant qu'il me passait le bâillon, et que le Plongeur était occupé à me lier les mains derrière le dos ; le tout avait été fait si promptement et avec tant d'adresse, que je fus leur prisonnier, sans aucun espoir de salut, en moins d'un instant.

Il m'était aussi impossible de résister que d'appeler à mon secours. On me lia les pieds et les mains, et on me plaça avec précaution sur le vibord, dans un endroit un peu écarté. Je ne dus probablement la vie qu'au désir de l'Echalas de me garder comme esclave. Dès ce moment, les traits et les manières du drôle ne conservèrent plus aucune trace de leur stupidité apparente ; il devint l'esprit dirigeant, et je pourrais dire l'âme de tous les mouvements de ses compagnons.

Quant à moi, j'étais assis, attaché à un des espars, dans l'impossibilité de rien faire pour me sauver. Témoin passif de tout ce qui se passait devant moi, je sentais toute la gravité de notre situation ; mais je crois que j'étais plus sensible encore à la honte d'avoir été victime d'une pareille surprise pendant mon quart, qu'aux dangers personnels que je pouvais courir.

Je fus désarmé tout d'abord. Le Plongeur prit alors une lanterne qui était sur l'habitacle, l'alluma, et la montra pendant une demi-minute au-dessus du couronnement. Il dut recevoir immédiatement réponse à son signal, car il éteignit bientôt la lumière et se mit à se promener sur le pont, prêt à saisir tout rôdeur qui viendrait à s'y aventurer. Mais il y avait peu à craindre sous ce rapport, la fatigue attachant nos hommes à leurs lits aussi fortement que s'ils y avaient été enchaînés. Je m'attendais alors à voir ces misérables remplir le canot de nos effets et s'enfuir en les emportant; car je ne pouvais croire que deux hommes eussent l'audace d'attaquer un équipage comme le nôtre.

J'avais compté sans mon hôte. Il s'était écoulé à peu près dix minutes depuis le moment où on s'était emparé de moi, quand des figures sinistres commencèrent à grimper sur le navire, et bientôt j'en comptai plus de trente. L'escalade fut faite avec si peu de bruit que, malgré l'attention la plus vigilante, je n'eus aucun soupçon de leur approche avant qu'ils fussent près de moi.

Tous ces hommes étaient armés, un petit nombre avaient des fusils, d'autres des haches, d'autres enfin des arcs et des flèches. Autant que je le pouvais voir, chacun d'eux avait une espèce de couteau, et quelques-uns portaient des tomahawks. A mon grand regret, j'en vis trois ou quatre se porter immédiatement à l'échelle d'arrière, et autant à l'échelle ou panneau de l'avant. On interceptait ainsi les deux seuls passages par lesquels les officiers et les matelots devaient vraisemblablement monter, s'ils voulaient venir sur le pont. Il est vrai que le grand panneau servait pendant le jour, mais il avait été fermé pour la nuit, et personne n'aurait imaginé de s'en servir, à moins de connaître ce qui se passait sur le pont.

Je souffrais beaucoup du bâillon et des cordes qui me serraient les membres, mais je songeais à peine à mon mal, tant j'étais impatient de voir ce qui allait arriver.

Quand les sauvages furent tous à bord, le premier quart d'heure se passa à faire leurs dispositions ; l'Echalas, le stupide, le lourd et l'insensible Echalas, agissait comme chef et déployait non seulement de l'autorité, mais de l'habileté et de l'intelligence. Il plaça tout son monde en embuscade, de manière à ce qu'en arrivant d'en bas on ne pût s'apercevoir tout d'abord du changement qui avait eu lieu sur le pont, et à ce que les sauvages pussent avoir le temps d'agir. Il s'écoula ensuite un autre quart d'heure, durant lequel on aurait pu presque entendre tomber une épingle, tant le silence était profond.

— Oh ! du gaillard d'avant ! dit tout à coup

une voix que je reconnus pour être celle du capitaine.

J'aurais donné tout au monde pour pouvoir lui répondre, afin de l'avertir du danger, mais cela m'était impossible. Je fis entendre un gémissement, et je crois que le capitaine m'entendit, car il sortit de la porte de la chambre, et il appela :

— Monsieur Wallingford ! où êtes-vous donc, monsieur Wallingford ?

Il n'avait pas de chapeau, étant venu sur le pont à demi vêtu, simplement pour voir comment la nuit se passait, et je frémis encore aujourd'hui, en songeant au coup affreux qui tomba sur sa tête nue.

Ce coup aurait tué un bœuf, et le capitaine resta sur la place. Toutefois ses meurtriers eurent soin de prévenir sa chute, pour ne pas éveiller ceux qui dormaient au-dessous, mais le bruit que fit le corps en tombant dans l'eau ne pouvait échapper à des oreilles comme les miennes, qui recueillaient avec avidité le moindre son.

Le Échalas avait été le principal acteur de cette horrible scène, et, quand elle fut terminée, il remit ses hommes en embuscade. Je crus alors que les officiers et les matelots allaient être massacrés de la même manière, à mesure qu'ils paraîtraient sur le pont. C'était bientôt le moment où Marbre devait monter, bien que j'eusse l'espérance qu'il ne viendrait pas sans qu'on l'appelât, ce qu'il m'était impossible de faire dans la situation où je me trouvais ; mais je m'étais trompé.

Au lieu d'attirer l'équipage sur le pont, les sauvages suivirent une tout autre marche. Après avoir tué le capitaine, ils fermèrent les panneaux de l'avant et prirent le parti plus sûr de faire prisonniers tous ceux qui se trouvaient dans l'intérieur du navire. Cela ne se fit pas tout à fait sans bruit, et l'alarme fut évidemment donnée par les précautions prises pour tout clore avec soin. J'entendis du bruit aux portes de la chambre, puis aux panneaux de l'avant. Mais l'Echalas avait pris toutes ses mesures pour que les efforts de l'un ou de l'autre côté fussent inutiles.

Dès qu'ils eurent enfermé leurs prisonniers, les sauvages vinrent à moi et relâchèrent les liens de mes bras de manière à me mettre plus à l'aise. Ils détachèrent entièrement ceux que j'avais aux pieds, et m'ôtèrent aussi le bâillon de la bouche. Je fus alors conduit au dôme de l'échelle de l'arrière, et on me fit entendre par signes que je pouvais communiquer avec mes compagnons qui étaient en bas. C'était l'Echalas qui dirigeait toutes ces mesures. Je conclus de là que ma vie était épargnée, pour le moment du moins, et pour quelque but qu'il m'était jusqu'à présent impossible de deviner. Je n'appelai pas tout de suite ; mais dès que j'entendis quelque mouvement au pied de l'échelle, j'obéis aux ordres de mes maîtres.

— Monsieur Marbre, criai-je d'une voix assez forte pour être entendu d'en bas, est-ce vous ?

— Oui, oui ; et est-ce vous, maître Miles ?

— C'est bien moi. Faites attention à votre conduite, monsieur Marbre. Les sauvages sont maîtres du pont, et je suis leur prisonnier. Ils sont là tous, et ils ont établi un poste assez fort aux panneaux de l'avant.

J'entendis à l'intérieur un sifflement faible et prolongé, qu'il était facile d'interpréter comme l'expression de l'inquiétude et de l'étonnement du premier lieutenant. Pour moi, je ne voyais aucun motif pour essayer de dissimuler, et j'étais résolu à parler ouvertement, au risque de révéler quelques-uns de mes sentiments à mes maîtres, parmi lesquels il était probable que plus d'un comprenait un peu l'anglais.

— Il nous manque ici en bas le capitaine Williams, reprit Marbre après un court intervalle ; savez-vous où il est ?

— Hélas ! monsieur Marbre, le capitaine Williams n'est plus en état de rendre service à aucun de nous.

— Qu'est-il devenu ? s'écria Marbre avec la promptitude de l'éclair ; dites-le-moi bien vite.

— Il a été tué d'un coup de massue, et jeté par-dessus le bord.

Il y eut alors un silence de mort, qui dura près d'une minute.

— C'est donc à moi qu'il appartient de décider ce qu'il faut faire, dit enfin M. Marbre. Miles, êtes-vous libre? Osez-vous dire ce que vous pensez?

— Je suis tenu ici par deux sauvages, dont je suis le prisonnier. Néanmoins, monsieur Marbre, ils m'engagent à parler; mais je crains que quelques-uns d'entre eux n'entendent ce que nous disons.

Il y eut un intervalle pendant lequel l'officier délibérait évidemment sur la meilleure marche à suivre.

— Écoutez, Miles, reprit-il, nous nous connaissons bien, et nous pouvons nous entendre sans nous compromettre. Quel âge avez-vous là-haut sur le pont?

— Près de trente ans, monsieur Marbre, et ce sont des années toutes bien vigoureuses.

— Sont-elles fournies de soufre et de pilules? ou seulement de ces colifichets indiens dont se servent nos enfants dans leurs jeux?

— Un peu de la première espèce, une demi-douzaine peut-être, assez bien de la seconde, et beaucoup d'écuyers tranchants.

Un geste d'impatience que fit le Plongeur pour

m'avertir de parler plus clairement me fit comprendre que le drôle pouvait nous entendre lorsque nous parlions sans figures. Cette découverte ne fit que me rendre encore plus circonspect.

— Je vous comprends, dit Marbre d'un air pensif, il faut nous tenir sur nos gardes. Pensez-vous qu'ils aient l'intention de descendre?

— Rien ne l'annonce quant à présent, mais la *compréhension*, dis-je en appuyant sur ce mot, est plus générale que vous ne l'imaginez, et il ne faut dire aucun secret. Ma devise est : « Des millions pour la défense, mais pas un dollar pour tribut. »

Comme cette dernière phrase était alors dans la bouche de tous les Américains, ayant été employée à l'occasion de la guerre que nous avions avec la France, j'étais certain qu'elle serait comprise. Marbre ne répondit rien, et l'on me permit de m'éloigner de l'échelle et de m'asseoir sur les cages à poule.

Ma situation était extraordinaire; il était encore nuit, mais les étoiles donnaient assez de lumière pour me permettre de distinguer les figures basanées et sauvages qui rôdaient sur le pont, et même pour discerner l'expression de la physionomie de ceux qui venaient de temps en temps me regarder en face. Ces derniers semblaient avoir les dispositions les plus sanguinaires; mais il était évident qu'un esprit supérieur tenait dans une étroite sujétion ces êtres grossiers, calmant la fougue de leurs caractères, domptant leur penchant à la violence, et donnant une direction et un but à tous leurs mouvements.

Cet esprit supérieur était l'Echalas ! c'était un fait dont il ne m'était pas permis de douter ; c'étaient ses gestes, sa voix, son commandement, qui animaient tout, qui réglaient tout. Je remarquais qu'il parlait avec autorité et confiance, bien qu'avec calme. On lui obéissait sans aucune marque particulière de déférence, mais on lui obéissait aveuglément.

La position matérielle demeura la même jusqu'au lever du soleil. L'Echalas ne voulut permettre qu'on entreprît rien avant qu'il fît assez jour pour qu'il pût suivre toutes les démarches de ses compagnons. Je reconnus ensuite qu'il attendait des renforts ; car, dès que le soleil commença à paraître, on poussa sur le navire des hurlements auxquels on répondit de la forêt, qui paraissait pleine de sauvages. Peu de temps après, des canots sortirent de la crique, et je comptai cent sept de ces misérables à bord du bâtiment ; c'étaient là toutes leurs forces, car je je ne vis plus rien paraître ensuite.

Pendant tout ce temps, c'est-à-dire pendant trois heures, je n'eus plus aucune communication avec les hommes de notre équipage ; j'étais certain cependant que tous étaient réunis, la jonction étant facile par le milieu du second pont, et en prenant le parti d'enfoncer la cloison du gaillard d'avant. Je ne doutais pas que Marbre n'eût rassemblé toutes ses forces, et les matelots avaient pris leurs fusils et leurs pistolets avec eux, ainsi que toutes les munitions; ce qui leur permettait de faire une vigoureuse résistance.

Quelle marche adopterait-il? j'en étais réduit sur ce point à faire des conjectures : une sortie était bien hasardeuse, en la supposant praticable; et elle l'était à peine, à raison des mesures prises par l'Echalas et le Plongeur pour garder les passages. Il n'y avait qu'incertitude dans mon esprit sur ce qui pouvait arriver.

Je fus surpris de la manière dont les sauvages me traitèrent. Dès qu'il fit jour, mes membres furent dégagés de leurs liens, et on me permit de me promener sur le gaillard d'arrière pour rétablir la circulation du sang. Une mare de sang, avec quelques cheveux, marquait le lieu où avait péri le pauvre capitaine Williams, et on me permit d'y verser un seau d'eau, afin de faire disparaître les traces révoltantes du meurtre. Quant à moi, mon inquiétude avait fait place à une étrange insouciance, et j'étais, pour le moment, indifférent au sort qui pouvait m'être réservé. Je m'attendais à mourir, et j'avoue maintenant, à ma honte, que je songeais bien plus à la vengeance qu'au repentir de mes fautes passées.

Quelquefois même j'enviais le sort de Marbre et de ceux qui étaient en bas avec lui, lesquels pouvaient, en un clin d'œil, anéantir leurs ennemis, en introduisant une mèche dans la sainte-barbe. J'étais, du reste, persuadé qu'on en viendrait là avant que le lieutenant et son équipage consentissent à devenir prisonniers des misérables qui occupaient le pont. L'Echalas et son compagnon, toutefois, semblaient complètement indifférents à ce danger, dont ils ignoraient sans doute la nature ; leur plan avait été habilement conçu, et jusque-là il avait parfaitement réussi.

Le jour avançait, et les sauvages commencèrent à songer sérieusement à s'assurer de leur prise. Les deux chefs, l'Echalas et le Plongeur, s'approchaient de moi d'un air qui annonçait qu'ils étaient sur le point de commencer leurs opérations. Je découvris alors que le dernier avait une légère teinture de l'anglais, par suite de ses rapports avec divers bâtiments. Il prit le commandement, rangea ses hommes en deux lignes sur le pont, et me faisant signe avec les doigts, il prononça d'une voix forte le mot : « compte !... » Je comptai ces misérables, qui étaient au nombre de cent six, non compris les deux chefs.

— Dis-le-lui, là, en bas, murmura le Plongeur en me montrant les étages inférieurs.

J'appelai M. Marbre, et, quand il fut sur l'échelle, la conversation suivante eut lieu entre nous.

— Qu'y a-t-il de nouveau, mon cher Miles? demanda-t-il.

— J'ai ordre de vous dire, monsieur Marbre, que les Indiens sont au nombre de cent huit; on vient de me les faire compter tout exprès.

— Je voudrais qu'il y en eût mille; car nous allons faire sauter le pont, et les envoyer tous en l'air. Croyez-vous qu'il puisse comprendre ce que je dis, Miles?

— Le Plongeur le peut, monsieur, quand vous parlez lentement et clairement; il ne comprend qu'à demi vos intentions actuelles, si j'en juge par sa mine.

— Le scélérat m'entend-il maintenant? Est-il là, quelque part, près du dôme d'échelle?

— Il y est maintenant, du côté de bâbord, appuyant un genoux sur l'extrémité antérieure de la cage à poules.

— Miles? me dit-il avec un accent d'hésitation.

— Je vous écoute, monsieur Marbre.

— Supposons un peu de plomb lancé par le dôme de l'échelle, que vous arriverait-il à vous?

— Je m'en soucie fort peu, car je m'attends

bien à être massacré; mais il n'en résulterait aucun bien maintenant, et nous pourrions même nous en repentir. Je vais cependant, si vous le voulez, leur annoncer votre intention de les faire sauter : cela pourra peut-être leur donner à penser.

Marbre y consentit, et je m'acquittai de la commission aussi bien que je pus. Je fus obligé d'avoir recours en grande partie aux signes; mais, à la fin, je réussis à me faire comprendre du Plongeur. Il fit connaître ce projet à l'Echalas; le vieillard l'écouta avec beaucoup d'attention; mais l'idée de sauter ne fit pas plus d'impression sur lui que n'aurait pu en faire la nouvelle que le feu avait pris à sa cheminée, en supposant qu'il eût connu cette invention des peuples civilisés. Je fus étonné de l'expression que prit sa figure de babouin. L'incrédulité se peignait dans son regard, en même temps que tous ses traits semblaient exprimer l'indifférence.

Il était évident que la menace n'avait aucun effet, et je réussis à le faire savoir à Marbre, en employant des expressions que le Plongeur ne pouvait comprendre ; je n'obtins aucune réponse; le silence de la mort régnait dans l'intérieur du navire, au lieu du bruit qu'on y entendait auparavant. L'Echalas parut frappé de ce changement, et je remarquai qu'il donnait des ordres à deux ou trois des sauvages plus âgés, sans doute pour recommander un redoublement de vigilance.

Le chef pensa alors qu'il était temps de commencer ses opérations, sans plus tarder, sous la direction du Plongeur. On jeta dans la chaloupe une certaine quantité de lignes, les drisses des bonnettes, et tous les autres cordages d'une certaine grandeur que l'on put trouver, et la chaloupe fut remorquée jusqu'à l'île au moyen de deux ou trois canots. Les Indiens opérèrent alors avec leur cordage ce que les marins appellent un « hale-à-terre, » en attachant un bout à un arbre, et laissant filer la ligne jusqu'à ce que la chaloupe fût de nouveau remorquée jusqu'au navire. Le calcul du Plongeur se trouva juste, la corde allait du navire à l'arbre.

Dès que cette opération fut accomplie, et elle le fut avec assez de promptitude, bien qu'avec quelque désordre, vingt à trente sauvages se mirent à serrer la remorque, jusqu'à ce qu'ils lui eussent donné la tension qu'elle était susceptible de recevoir ; ils s'arrêtèrent alors, et je les vis faire des recherches dans la cuisine, pour trouver la hache du cuisinier. Je pensai qu'il y avait lieu de communiquer le fait à Marbre, et je résolus de le faire au péril de ma vie.

— Les Indiens ont attaché un cordage à l'île, et sont sur le point de couper les câbles, voulant sans doute touer le bâtiment sur la côte, à la même place où ils ont pris autrefois *la Loutre de mer*.

— Eh bien ! laissez-les faire, nous serons prêts à temps ; ce fut la seule réponse qui me fut faite.

Je n'ai jamais su à quoi attribuer l'apathie que montrèrent les sauvages en nous voyant communiquer ainsi : au désir que le fait fût connu de l'équipage enfermé, ou bien à l'indifférence ? Ils procédèrent, du reste, dans leurs mouvements, avec autant de sang-froid que s'ils avaient été les seuls possesseurs de tout le bâtiment. Ils avaient six ou huit canots sur lesquels plusieurs d'entre eux se mirent à manœuvrer autour du navire avec autant de confiance que s'ils s'étaient trouvés dans un port ami. A la fin, on trouva la hache dans le fond de la chaloupe, et Marbre apprit l'usage qu'on en fit immédiatement, par les coups violents qu'il entendit frapper sur les câbles.

— Miles, me dit le premier lieutenant, ces coups me vont au cœur. Les scélérats sont-ils réellement à l'œuvre ?

— L'ancre de bâbord est partie, monsieur, et les coups que vous entendez maintenant portent sur le câble de tribord, qui est déjà en deux pièces... C'est fini ; le navire ne tient plus que par la remorque.

— Y a-t-il du vent, mon garçon ?

— Pas un souffle dans la baie, bien que je vois un léger clapotement à la surface de l'eau.

— La marée monte-t-elle, ou descend-elle, Miles?

— C'est la fin du jusant; ils ne pourront jamais tirer le bâtiment sur le rocher où ils ont conduit *la Loutre*, tant que l'eau ne s'élève que de dix à onze pieds.

— Dieu soit béni! j'avais peur qu'ils ne pussent coucher le bâtiment sur ce maudit lit.

— Cela a-t-il quelque importance pour nous, monsieur Marbre? Quel espoir pouvons-nous avoir de lutter contre une pareille supériorité de nombre, et en de pareilles circonstances?

— Cette supériorité m'inquiète peu, mon garçon; mes hommes sont si étroitement serrés, qu'ils lâcheraient la côte nord-ouest tout entière pour pouvoir seulement gagner le pont sans avoir leurs estains percés de part en part. Les circonstances, je l'avoue, doivent compter pour beaucoup.

— Le navire se dirige droit sur l'île; je ne vois plus d'espoir pour nous, monsieur Marbre.

— Je vous le dis, Miles, il vaut bien la peine de courir quelque danger pour tenter de sauver l'équipage. Si je ne craignais pas pour vous, il y a une demi-heure que j'aurais joué un mauvais tour à cette canaille.

— Ne pensez pas à moi, monsieur; c'est par

ma faute que tout cela est arrivé, et je dois en souffrir. Faites ce que vous commandent le devoir et la prudence.

J'attendis ensuite une minute, dans toutes les transes de l'incertitude, ignorant ce qui allait arriver, puis j'entendis un bruit qui me fit croire un moment qu'on essayait de faire sauter le pont. Mais les cris et les gémissements qui retentirent ensuite me firent connaître le véritable état des choses. Une décharge de mousqueterie avait eu lieu des fenêtres de la chambre, et tous ceux qui se trouvaient dans les deux canots qui passaient en ce moment, avaient été abattus sur place, comme de jeunes taureaux. Trois furent tués du coup, et les blessures des autres paraissaient devoir être mortelles. Ma vie eût été sacrifiée à l'instant même, sans l'intervention de l'Echalas, qui ordonna à mes agresseurs de se retirer, d'un ton d'autorité sévère qui produisit immédiatement son effet. Il était évident qu'un traitement tout particulier m'était réservé.

Tous ceux qui le pouvaient se précipitèrent alors dans les canots qui restaient et dans la yole du bâtiment, afin de recueillir les morts et les blessés, dès qu'on sut le malheur qui était arrivé. Je les observais de la balustrade, et je reconnus bientôt que Marbre en faisait autant des fenêtres de la chambre. Mais les sauvages se gardèrent de s'exposer à un feu qui leur avait été si fatal, et ils furent obligés d'attendre que le navire eût été assez de l'avant pour leur permettre de secourir leurs amis, sans mettre en péril leurs propres vies.

Comme cette manœuvre demandait à la fois du temps et de l'espace, le bâtiment fut laissé sans un seul canot ou embarcation d'aucune sorte, et avec la moitié seulement de ses ennemis à bord. Ceux qui restaient, faute d'autre ennemi à attaquer, déchargèrent leur colère sur *la Crisis*, s'épuisant en efforts frénétiques pour appuyer sur la remorque. Mais le résultat de tout cela fut que, donnant en même temps beaucoup de marge au navire, ils finirent par rompre la corde.

J'étais appuyé sur la roue du gouvernail, ayant l'Échalas près de moi, quand cet accident arriva. Le mouvement de reflux était encore très sensible, et le bâtiment entrait justement dans la passe étroite située entre l'île et la pointe qui terminait la baie, continuant naturellement à se diriger vers l'arbre auquel la remorque avait été attachée. Un mouvement plus instinctif que raisonné me détermina alors à faire éviter le navire avec la barre de manière à lui faire franchir directement le passage, au lieu de le laisser se briser contre les rochers.

Je n'avais en agissant ainsi aucun espoir, ni aucun autre motif que la vive répugnance que j'éprouvais à voir couler à fond un aussi bon navire. Heureusement le Plongeur était dans un canot, et il n'était pas facile de suivre *la Crisis*, sous le feu des fenêtres de la chambre, lors même qu'il eût compris la position et qu'il se fût mis à sa poursuite. Mais, comme les autres sauvages des canots, il était occupé de ses amis blessés, qui furent tous transportés du côté de la crique. Je fus donc maître des mouvements du navire pendant cinq minutes ; pendant ce temps il avait franchi la passe, et il entrait en pleine mer.

La situation était nouvelle et jusqu'à un certain point embarrassante. J'avais une lueur d'espoir, mais c'était un espoir sans direction précise, et presque sans objet. Je pouvais reconnaître qu'aucun des sauvages à bord ne se rendait compte de la cause de notre mouvement, bien qu'ils pussent comprendre l'action de la marée. Il en résulta une panique, et près de la moitié de ceux qui étaient restés à bord sautèrent à la mer, et se mirent à nager dans la direction de l'île. J'espérai un moment que tous en feraient autant ; mais il en resta près de vingt-cinq, par nécessité plutôt que par choix, comme je le découvris ensuite, car ils ne savaient pas nager. De ce nombre était l'Echalas, qui probablement avait aussi en vue d'assurer sa conquête.

Je crus pouvoir saisir l'occasion ; j'allai au dôme de l'échelle, et j'étais sur le point d'ôter la barricade, pensant qu'on pourrait recouvrer le bâtiment à la faveur de la panique. Mais un regard sévère de l'Echalas, et un couteau qui brillait dans ses mains, m'avertirent qu'il fallait être plus circonspect. L'affaire n'était pas encore finie, et mon maître n'était pas homme à se laisser déconcerter aussi facilement que je l'avais imprudemment supposé. Sous une si pitoyable apparence, le drôle cachait un esprit qui le rendait capable de grandes choses, et qui, en d'autres circonstances, aurait pu en faire un héros. Il me donna l'utile leçon de ne point juger des hommes sur l'extérieur.

CHAPITRE XIII

Reprise de la « Crisis »

Le bâtiment se comporta bien. Dès que nous eûmes doublé la pointe de l'île, une brise du sud se fit sentir, et, en mettant un peu la barre au vent, je pus tenir le cap au large, et augmenter ainsi la distance entre nous et la baie. La direction de la marée fit plus encore que le vent, il est vrai ; mais les deux, agissant de concert, nous éloignèrent de la côte, à raison d'environ deux nœuds par heure. Certes, c'était une marche bien lente, pour un bâtiment placé dans une pareille position, mais il faudrait quinze ou vingt minutes aux canots pour revenir de la crique et faire le tour de l'île par l'autre canal; alors nous aurions près d'un demi-mille d'avance.

L'Echalas voyait évidemment que les choses n'allaient pas bien, quoiqu'il ne sût à quoi l'attribuer. Il était clair qu'il ne comprenait pas pourquoi le navire portait au large, car il n'avait aucune idée de la puissance du gouvernail. Notre barre agissait en bas, et il est possible que cette circonstance l'intriguât; il y avait alors plus de bâtiments faisant mouvoir leur gouvernail sans l'aide de la roue qu'avec elle.

A la fin, le mouvement du navire devint trop sensible pour admettre un plus long délai; le sauvage s'approcha de moi, le couteau tiré, et d'un air qui annonçait que l'affection n'entrait pour rien dans la modération qu'il avait montrée auparavant. Après avoir brandi fièrement son arme à mes yeux, et l'avoir appuyée deux ou trois fois sur ma poitrine d'une manière très significative, il me fit signe de virer de bord et de rentrer dans le port. Je pensai que mon dernier moment était venu; mais, par un mouvement assez naturel, je lui montrai les mâts dégarnis, pour lui faire comprendre que le navire n'était pas dans son état ordinaire.

Je crois que je fus entendu, quant à cette partie de mes excuses; il était trop évident que nos mâts et nos vergues n'étaient pas à leurs places habituelles, pour que le fait échappât à l'attention même d'un sauvage. Cependant l'Echalas vit que quelques-unes des voiles étaient enverguées, et il me les montra en grommelant des menaces si je refusais de les établir. La brigantine se trouvant près de lui, il la saisit et m'ordonna de la déployer sur-le-champ.

Il est à peine nécessaire de dire que j'obéis à cet ordre avec une joie secrète. Larguant les cargues, je mis l'écoute dans les mains d'une douzaine de sauvages, et nous nous mîmes à haler tous ensemble. En une minute, la voile était tendue; je les conduisis ensuite sur l'avant, et nous en fîmes autant pour le petit foc et la grande voile d'étai. Nous y ajoutâmes le foc d'artimon, le seul autre morceau de toile que nous pussions montrer jusqu'à ce que nos mâts fussent mis en clef. Cependant, l'effet de ces quatre voiles suffit pour accélérer d'un nœud la marche du bâtiment, et l'amener vite au point où il pouvait sentir toute la force de la brise qui soufflait du sud-est. Lorsque les quatre voiles furent en place, nous étions à un bon quart de mille de l'île, et en position de recevoir le vent sans obstacle.

L'Echalas tenait toujours sur moi son œil de

faucon. Comme j'avais obéi à ses ordres en mettant les voiles, il ne pouvait se plaindre; mais le résultat ne répondait nullement à son attente. Il voyait que nous continuions à nous avancer dans la mauvaise direction, et jusques alors aucun canot ne se montrait. Quant à ces derniers, maintenant que le navire prenait de l'aire, je n'étais pas sans espérance de pouvoir les tenir exposés au feu des fenêtres de la chambre, et de leur échapper en m'éloignant de la terre à une distance qu'ils ne pourraient franchir. Cependant je savais que le Plongeur était un drôle plein d'audace, qu'il entendait quelque chose aux bâtiments, et je résolus de recommander à Marbre de ne point le manquer, s'il venait à se trouver à portée de son mousquet.

Pendant ce temps les alarmes et l'impatience de l'Echalas et de ses compagnons augmentaient sensiblement. Cinq minutes étaient un siècle dans la position où nous étions, et je vis qu'il serait bientôt nécessaise d'adopter quelque nouvel expédient, si je ne voulais pas être victime du ressentiment de ces sauvages. Rien n'aiguise l'esprit comme la nécessité, et il me vint une idée qui me parut assez ingénieuse. Quoi qu'il en soit, je dus la vie à la conviction où étaient les sauvages qu'ils ne pouvaient se passer de moi.

L'Echalas, avec trois ou quatre des plus farouches de ses compagnons, avait recommencé à me menacer avec son couteau, me faisant signe en même temps de tourner le cap du navire vers la terre. Je demandai un peu de place, et je traçai alors un long cercle sur le pont, en montrant les quatre voiles que nous avions établies, de manière à leur dire qu'avec cette voilure, il fallait aller à une grande distance pour pouvoir virer. Quand j'eus réussi à leur communiquer cette idée, j'entrepris sur-le-champ de leur faire entendre qu'en guindant les mâts de hune, et en faisant plus de voiles, nous pourrions revenir immédiatement sur nos pas. Les sauvages me comprirent, et l'explication leur paraissant raisonnable, ils se retirèrent à l'écart pour se consulter. Comme le temps pressait, l'Échalas revint presque aussitôt en me faisant signe de leur montrer comment il fallait s'y prendre pour mettre dehors le reste des voiles. On juge bien que je ne me fis pas prier pour le leur apprendre.

En quelques minutes un plan d'armure avait été dressé, et un groupe de sauvages se cramponnait après la guinderesse. Comme tout était prêt, nous n'eûmes qu'à haler jusqu'au moment où, jugeant à l'œil que le mât était à la hauteur convenable, je grimpai aux agrès, et mis la clef en place. Débarrassé du mât de hune, sans toucher à rien de ses agrès, je descendis sur la vergue de misaine et détachai la voile. Cela paraissait si bien en harmonie avec le reste, que les sauvages poussèrent des cris de joie : et lorsque je reparus sur le pont, ils m'auraient volontiers porté en triomphe. L'Echalas lui-même en fut complètement dupe, et quand je mis les autres à l'œuvre au garant de drisse, pour hisser la vergue, il se montra le plus actif. La vergue fut bientôt en place, et je montai pour l'assujettir, touchant d'abord les bras de manière à remplir la voile.

Le lecteur peut être convaincu que je ne me pressai pas, maintenant que les choses étaient en si bon train. Je pouvais remarquer que mon pouvoir et mon importance augmentaient à mesure que nous nous écartions de la terre. Le bâtiment allait tout seul sous une pareille voilure, la barre un peu au vent; je n'avais donc pas d'effort extraordinaire à faire, et je résolus de rester en haut le plus longtemps possible. La vergue fut assujettie, et alors je montai dans la hune et je commençai à rider les agrès du vent. Tout cela ne fut fait qu'imparfaitement, mais c'était assez pour le temps qu'il faisait.

De la hune j'avais une vue étendue sur la mer et sur la côte. Nous étions alors d'un grand mille en mer, et quoique le flot ne nous fût plus utile, nous filions à raison de deux nœuds. Au moment où je venais d'attacher la dernière ride, les canots commencèrent à paraître, doublant la pointe de l'île par le passage le plus éloigné, et promettant de nous atteindre dans l'espace de vingt minutes. Il fallait prendre un parti, et je me décidai à hisser le grand foc. Je descendis donc sur le pont.

Maintenant que j'avais la confiance des sauvages, qui étaient convaincus que leur retour dépendait de moi, je n'eus pas de peine à les mettre à l'ouvrage. J'ai rarement été plus heureux qu'au moment où je vis cette grande surface de toile ouverte à l'air. Les rabans furent halés et amarrés le plus vite possible, et je reconnus que je ne pouvais faire davantage avant l'arrivée des canots. Je désirais me mettre en rapport avec Marbre. En passant sur l'arrière pour en chercher le moyen, je m'arrêtai un moment pour observer les canots. L'Echalas, pendant ce temps, manifestait son impatience que le bâtiment ne virât pas. J'aurais été massacré vingt fois, si les sauvages avaient su comment s'y prendre pour gouverner eux-mêmes le navire. Mais ils avaient besoin de moi; je le sentais comme eux, et mon audace s'en accrut.

Je pris une longue-vue pour regarder les canots. Ils étaient à un demi-mille de distance, avaient cessé de se servir de leurs pagaies, et étaient serrés les uns contre les autres, comme si on tenait conseil. Je pensai que l'aspect du bâtiment sous voiles les avait alarmés, et qu'ils commençaient à croire que nous étions redevenus maîtres du navire, et qu'il ne serait pas prudent de s'approcher trop. Si je pouvais les confirmer dans cette opinion, c'était un grand point de gagné.

Sous prétexte de faire plus de voile, pour faire tourner le bâtiment sur lui-même, opération dont je m'évertuai à expliquer à force de signes à l'Echalas toute la difficulté, je plaçai les sauvages à la guinderesse du grand mât de hune, en leur disant de haler de toutes leurs forces. Il y avait de quoi les tenir occupés, et, ce qui était plus important, ils avaient tous les yeux tournés vers l'avant, tandis que je feignis d'être occupé sur l'arrière. En même temps j'avais donné un cigare à l'Echalas pour le mettre en humeur, et j'avais pris aussi la liberté d'en allumer un pour moi.

Nos canons avaient tous été amorcés et pointés, et on avait ôté les tapes la nuit précédente, pour être prêts à repousser toute attaque. Je n'eus qu'à retirer la platine du canon de l'arrière, et il était prêt à tirer. Je mis aussitôt la barre au vent de manière à ce que la bordée enfilât les canots. J'appliquai alors le cigare à l'amorce, et m'élançant au gouvernail, je mis la barre dessous. L'explosion fut suivie de cris horribles des sauvages, qui sautèrent sur les porte-haubans, prêts à se précipiter dans la mer, tandis que l'Echalas accourait sur moi, le couteau à la main.

Je crus encore une fois que mon heure était venue, mais m'apercevant que le navire lofait rapidement, je fis signes sur signes pour attirer l'attention de mon ennemi sur ce fait important. Le bâtiment venait au vent, et l'Echalas fut aisément amené à croire que c'était la manière de virer de bord. Il courut aussitôt rejoindre ses compagnons, leur montrant d'un air de triomphe le navire qui lofait encore, et je suis sûr qu'il croyait que le canon avait produit ces changements apparents. Quant aux canots, la mitraille avait sifflé si près de leurs oreilles qu'ils commencèrent à s'éloigner, dans la conviction que nous étions rentrés en possession du bâtiment, et que nous leur avions envoyé cet avertissement pour les tenir à l'écart.

Jusque-là j'avais réussi au-delà de toute attente; et je commençais à me livrer à l'espoir, non-seulement de sauver ma vie, mais de redevenir maître du navire. Si je pouvais réussir à perdre de vue la terre, mes services deviendraient indispensables et le succès serait certain.

La côte était très basse, et six à huit heures de route suffiraient, pourvu que le cap fût au large. En outre le vent fraîchissait, et je jugeai que *la Crisis* marchait déjà à raison de quatre nœuds. Encore vingt milles, et toute la côte serait sous l'eau. Mais il était temps de dire quelque chose à Marbre. Dans la vue d'endormir la défiance, j'appelai l'Echalas auprès de l'échelle de l'arrière, afin qu'il pût entendre ce qui allait se dire, quoique je susse très bien que depuis que le Plongeur n'était plus à bord, pas une âme ne restait parmi les sauvages, qui pût entendre un mot d'anglais, ou qui comprît rien aux manœuvres. Au son de ma voix, le lieutenant vint à la porte.

— Eh bien ! Miles, qu'est-ce ? demanda-t-il, pourquoi ce coup de canon, et qui l'a tiré ?

— Tout va bien, monsieur Marbre, c'est moi qui l'ai tiré pour éloigner les canots, et il a produit l'effet désiré.

— Oui, j'avais la tête hors de la fenêtre dans ce moment, car je pensais que le bâtiment virait vent arrière, et qu'en désespoir de cause nous retournions dans le port. Mais comment diable, mon garçon, nous sommes à plus d'une demi-lieue de la terre ! L'Echalas le souffrira-t-il encore longtemps ?

J'appris alors à Marbre où nous en étions sur le pont, la voilure que nous avions, le nombre de sauvages qui étaient à bord, et leurs idées sur la manière de faire tourner le bâtiment. Il n'est pas facile de dire qui écoutait avec le plus d'attention, de Marbre ou de l'Echalas. Celui-ci me faisait continuellement signe de tourner le bâtiment vers la côte, car alors nous avions de nouveau le vent par le travers, et nous gouvernions en droite ligne.

Il était nécessaire, pour plus d'une raison, de

chercher un remède immédiat au danger qui allait m'assaillir de nouveau. Non seulement il fallait apaiser l'Echalas et ses compagnons, mais le navire, en gagnant au large, commençait à sentir les lames de fond, et la mâture n'était rien moins que solide. Le grand mât de hune n'était guindé qu'à moitié, et il commençait à se balancer dans le chouquet d'une manière que je n'aimais pas. Il est vrai qu'il n'y avait pas encore grand danger, mais le vent s'élevait, et ce qui était à faire devait être fait sur-le-champ. Cependant je ne fus pas fâché de remarquer que cinq ou six sauvages, et l'Echalas était du nombre, commençaient à ressentir les atteintes du mal de mer. J'aurais donné Clawbonny dans ce moment pour une mer courte qui les aurait tous secoués d'importance.

Je m'efforçai alors de faire comprendre à l'Echalas la nécessité d'avoir de l'aide d'en bas, tant pour faire tourner le bâtiment, que pour mettre en place les mâts et les vergues. Le vieux coquin branla la tête, et prit un air grave. Je vis qu'il n'était pas encore assez malade pour ne plus tenir à la vie. Cependant, après quelque temps, il prononça les noms de Neb et d'Yo, les deux nègres ayant attiré l'attention des sauvages; le cuisinier était le second. Je compris qu'il souffrirait qu'ils vinssent me prêter secours, pourvu qu'il fût certain de n'en avoir rien à craindre. Désarmés, que pouvaient-ils faire contre vingt-cinq hommes qui avaient des armes ? Il s'imaginait aussi sans doute qu'au besoin les nègres seraient pour lui des alliés plutôt que des ennemis.

J'expliquai à l'Echalas le moyen de faire monter les deux noirs, sans que personne pût les accompagner. Lorsqu'il l'eut compris, il l'approuva, et je donnai à Marbre les instructions nécessaires. On laissa glisser une corde, pardessus le canot de l'arrière, jusqu'à la fenêtre de la chambre, et Neb en passa le bout autour de son corps ; puis il fut halé jusqu'au plat-bord du canot par les sauvages. Le même procédé fut employé à l'égard de Joé. Avant de laisser les nègres grimper aux agrès, l'Echalas leur fit une courte harangue, accompagnée de gestes significatifs pour leur intimer ce qui les attendait s'ils se conduisaient mal ; après quoi je les envoyai à la grande hune, et ils y montèrent avec empressement.

Avec ce renfort, le grand mât de hune fut guindé en quelques minutes. Neb reçut l'ordre ensuite de placer le gréement, et de parer la vergue, pour qu'elle pût être mise en place. Une heure se passa en travaux actifs, au bout de laquelle tout était en place sur le grand mât, depuis la tête du mât de hune jusqu'au pont. Le mât de perroquet était élongé sur les passeavants, et on ne pouvait songer à en rien faire. Je leur criai de détacher les deux voiles. Les sauvages poussèrent un cri de joie quand ils virent le vent dans le hunier. J'ajoutai la grande voile, et alors le navire porta au large avec une vitesse toute nouvelle. Je ne pouvais plus quitter le gouvernail, dont l'Echalas commençait à soupçonner l'usage. En ce moment, nous étions à plus de deux lieues de l'île, et les objets n'apparaissaient plus que confusément sur la côte. Quant aux canots, il n'en était plus question ; nous n'avions plus de chasse à craindre de leur part. Le danger n'était pas là.

L'Echalas revint à la charge pour me faire virer de bord. L'éloignement de la terre l'inquiétait de plus en plus, et le mal de mer avait déjà étendu quatre Indiens sur le pont. Je voyais qu'il était lui-même mal à son aise ; mais son courage et le danger qu'il courait le faisaient se tenir sur le qui-vive. Il était nécessaire de paraître faire quelque chose ; j'envoyai les nègres dans la hune de misaine pour mettre en place la vergue du petit hunier et établir la voile. Cela occupa encore une heure, et alors la terre avait complètement disparu.

Dès que le perroquet de fougue fut établi, je brassai très en pointe, et je vins au plus près du vent. Nos Indiens n'y purent résister ; il y avait alors une brise de sept nœuds et une grosse mer de l'avant. Ils tombèrent l'un après l'autre comme des fleurs qui penchent la tête sous un soleil brûlant. Le vieux sauvage sentit que ses forces s'en allaient grand train, il vint à moi pour en finir, et je vis qu'il fallait cette fois lui donner satisfaction. Avec l'aide des sauvages, je carguai la grande voile, et mis le bâtiment dans le lit du vent. Nous virâmes mieux que je ne l'aurais cru possible, et quand les Indiens virent que nous gouvernions enfin dans la direction de la terre, leurs transports n'eurent pas de bornes. Leur chef m'aurait presque embrassé ; mais je sus me soustraire à l'accolade. J'étais sans crainte sur les conséquences ; nous étions trop loin pour avoir à redouter les canots, et de toute manière il me serait facile de les éviter avec une pareille brise.

L'Echalas et ses compagnons furent moins sur leurs gardes, dès qu'ils s'aperçurent que le bâtiment suivait une direction convenable. Croyant le danger passé, ils résistèrent moins à leurs souffrances physiques. J'appelai Neb au gouvernail, et me penchant par-dessus le couronnement, je réussis à attirer Marbre à la fenêtre, sans alarmer l'Echalas. Je dis alors au lieutenant de rassembler tout son monde sur le gaillard d'avant ; j'avais observé que les Indiens évitaient cette partie du bâtiment, à cause de la manière dont il s'enfonçait parfois dans la mer.

Dès que mon plan fut bien compris, je me dirigeai vers l'avant, tout en regardant les voiles, et en touchant de temps en temps un cordage pour donner le change. Le sauvage qui était placé à l'échelle de l'avant souffrait horriblement, et, la figure renversée, il payait son tribut à la mer. Les panneaux étaient solides ; ils n'étaient fermés que par une barre de fer et un crochet. Je laissai glisser ma main, je levai le crochet, et tout l'équipage se précipita sur le pont, Marbre en tête.

Ce n'était pas le moment des explications. Je vis du premier coup d'œil que mes compagnons étaient tout autrement animés que moi. J'avais été pendant des heures entières avec les sauvages, j'avais obtenu jusqu'à un certain point leur confiance, et je me sentais disposé à les traiter avec cette douceur qu'ils me semblaient avoir montrée à mon égard. Mais Marbre et le reste de l'équipage s'étaient monté la tête pendant leur séquestration ; ils avaient été jusqu'à jurer de se faire sauter tous, plutôt que de laisser le bâtiment au pouvoir des sauvages. Et puis le pauvre capitaine Williams était fort aimé sur le gaillard d'avant, et sa mort restait à venger.

J'aurais voulu dire un mot en leur faveur, mais aux éclairs qui sortaient de tous les yeux, je vis que ce serait peine perdue. Je me jetai donc sur le sauvage qui avait été placé en sentinelle pour l'empêcher d'intervenir. Cet homme avait à la main les pistolets qu'on m'avait pris, et il faisait mine de vouloir s'en servir. Je ne lui en laissai pas le temps; je le saisis à bras-le-corps, et nous roulâmes ensemble sur le pont.

Pendant cette lutte, j'entendais les acclamations des matelots, et Marbre qui criait de toutes ses forces : « Vengons notre capitaine ! » Je fus bientôt complètement maître de mon homme, et je le garrottai avec un bout de cordage que je trouvai sous ma main. J'avais entendu plonger à plusieurs reprises dans l'eau, et des coups appliqués avec furie retentissaient de tous côtés à mes oreilles. Je ramassai les pistolets et je me dirigeai vers l'arrière. Je n'y étais pas arrivé que déjà nous étions maîtres du bâtiment; près de la moitié des Indiens s'étaient jetés dans la mer, les autres avaient été assommés comme des bœufs. Les morts allèrent rejoindre les vivants au fond de l'eau. L'Echalas restait seul au moment dont j'ai parlé.

Le chef des sauvages examinait les mouvements de Neb, à l'instant où les cris furent poussés; et le nègre, abandonnant le gouvernail, jeta les bras autour du vieillard, et l'y tint serré comme dans un étau; ce fut dans cette situation qu'il fut trouvé par Marbre et par moi qui approchions au même instant, chacun du côté opposé du gaillard d'arrière.

— A la mer, le misérable ! s'écria le lieutenant en fureur, à la mer, Neb, comme une mauvaise charogne !

— Arrêtez ! m'écriai-je ; épargnez le vieux drôle, monsieur Marbre ; il m'a épargné moi-même.

Un mot de moi, dans un moment quelconque, l'aurait toujours emporté, auprès de Neb, sur un ordre même du capitaine ; autrement l'Echalas était jeté par-dessus le bord, comme une botte de paille. Marbre avait pour les souffrances corporelles cette indifférence qu'engendre l'habitude ; excité, il était dangereux ; mais il n'était pas cruel, et il avait du cœur. Dans la courte lutte qui avait eu lieu, il avait jeté sa pique pour lutter corps à corps avec un Indien, puis il l'avait enlevé de terre et sans cérémonie l'avait jeté par un sabord avant que le pauvre diable eût eu le temps de se reconnaître ; mais il dédaigna de frapper l'Echalas, quand il avait tout l'avantage sur lui, et il alla se mettre au gouvernail en disant à Neb de s'assurer du prisonnier.

M'élançant sur la lisse du couronnement pour regarder dans les eaux du navire, je distinguai des têtes et des bras surnageant à une distance de cent brasses. Marbre, l'Echalas et Neb regardaient tous trois dans la même direction à ce moment. Cédant à une impulsion que je ne pouvais maîtriser, je me hasardai à dire que nous pourrions mettre en panne et recueillir quelques-uns de ces misérables.

— Qu'ils se noient et aillent au diable! fut la réponse courte mais expressive du lieutenant.

Je vis que les remontrances étaient inutiles, et bientôt un point noir disparut après l'autre, à mesure que les victimes s'enfonçaient dans l'Océan. Quant à l'Echalas, son œil était attaché sur ses malheureux compagnons, dans leur lutte désespérée contre la mort, mais son empire sur lui-même était admirable, car, quoique je ne pusse me méprendre sur l'intensité des sentiments qu'il éprouvait, pas un signe de faiblesse ne lui échappa.

Lorsque la dernière tête disparut, un léger frisson agita son être; puis, tournant la tête du côté des lisses d'appui, il resta longtemps immobile comme un des pins de ses forêts. Je demandai à Marbre la permission de délier les bras du vieillard; il me l'accorda, mais non sans murmurer quelques malédictions contre lui et contre tous ceux qui avaient pris part aux derniers événements.

Il y avait trop à faire à bord, pour pouvoir se livrer longtemps à des mouvements de pure sensibilité. La mâture, le gréement réclamaient tous nos soins, pendant qu'il fallait laver le sang qui couvrait les ponts. Tous les ris furent pris aux huniers, les basses voiles carguées, le foc et la brigantine serrés, et le navire mit en panne. Il ne restait plus que deux heures de jour, quand M. Marbre eut tout disposé à son idée.

Nous avions mis en croix les vergues de perroquet, et serré tout ce qui pouvait donner prise au vent. La chaloupe était à la traîne derrière le bâtiment ; nous étions alors à un mille du passage conduisant au sud vers la baie, et nous gouvernions de ce côté par un vent semblable à celui que nous avions eu depuis une heure après le lever du soleil, quoiqu'il tombât un peu. Nos canons étaient démarrés, et tout le monde à son poste. Je ne savais pas moi-même ce que le nouveau capitaine se proposait de faire ; car il avait donné ses ordres du ton d'un homme dont l'opinion est trop invariablement arrêtée pour admettre aucune observation. La batterie de bâbord était toute prête. Lorsque le bâtiment rasa l'île en entrant dans la baie, toute la bordée fut tirée sur la côte au milieu des arbres et des broussailles. Nous entendîmes quelques cris en réponse, ce qui nous convainquit que la mitraille avait porté, et que Marbre avait calculé avec précision la position d'une partie au moins de ses ennemis.

Quand le bâtiment entra dans la petite baie, ce fut d'un mouvement lent et régulier, la brise étant amortie en grande partie par les bois. Le grand hunier fut mis sur le mât, et je reçus ordre de passer dans la chaloupe avec son équipage armé ; un pierrier y avait été placé, et je me dirigeai vers la baie, pour reconnaître s'il y avait quelques traces des sauvages. En y entrant, le pierrier fut tiré, conformément à mes instructions, et j'acquis bientôt la preuve que nous troublions un bivouac. Il fut chargé de nouveau, et les décharges se succédèrent, appuyées par un feu de mousqueterie assez bien nourri, toujours dirigé sur les broussailles, jusqu'à ce que nous fussions à peu près certains d'avoir balayé la côte.

A l'endroit du bivouac, je trouvai les canots et notre yole, et, ce qui était une petite compensation à ce qui était arrivé, un tas de six cents peaux pour le moins, qui avaient été sans doute apportées pour trafiquer avec nous, et nous donner le change jusqu'à ce que le moment parût favorable pour l'exécution du complot. Je ne me fis aucun scrupule de confisquer ces peaux, qui furent transportées à bord du navire.

J'allai ensuite dans l'île, où je trouvai un homme étendu mort, et la preuve qu'une troupe nombreuse l'avait quittée dès qu'ils avaient essuyé notre feu. Sans doute ils n'étaient pas loin, mais il était trop tard pour les poursuivre. A mon retour, je rencontrai le bâtiment qui sortait de la baie, le capitaine n'osant rester une nuit de plus dans l'intérieur. Le vent mollissait, et, comme le flot porte avec une grande force dans les hautes latitudes, nous fûmes charmés de profiter de ce qui restait de jour pour nous remettre au large. La capture des peaux adoucit sensiblement le nouveau capitaine, qui déclara que, dès qu'il aurait pendu l'Echalas en face de son île, il commencerait à reprendre son assiette ordinaire.

Nous passâmes la nuit sous nos huniers, courant des bordées par une brise stable, mais légère, du sud. Le lendemain matin, le service du bâtiment se fit comme à l'ordinaire, et après le déjeuner nous rentrâmes dans la baie. Lorsque nous fûmes devant l'île, Marbre nous ordonna de passer un cartahu au bout de la vergue de misaine.

J'étais sur le pont, au moment où ce commandement fut donné tout à coup ; j'aurais voulu faire quelques représentations, car j'avais des idées assez justes sur la légalité et sur le droit des gens. Cependant je n'aimais pas à prendre la parole, car le capitaine Marbre avait pris un ton qui annonçait qu'il n'entendait pas plaisanter. Le cartahu fut bientôt placé, et les matelots attendirent en silence de nouveaux ordres.

— Saisissez ce gueux de meurtrier, attachez-lui les bras derrière le dos, placez-le sur le troisième canon, et attendez ensuite, ajouta-t-il d'un ton ferme.

Personne n'osa hésiter, quoique je visse sur une ou deux figures que cette besogne n'était pas de leur goût.

— Assurément, m'aventurai-je à dire à voix basse, vous ne parlez pas sérieusement, monsieur Marble.

— Dites *capitaine* Marble, s'il vous plaît, monsieur Wallingford ; je suis maintenant maître de ce navire, et vous en êtes le premier lieutenant. Je me propose de pendre votre ami l'Echalas, pour qu'il serve d'exemple au reste de la côte ; ces bois sont pleins d'yeux en ce moment, et le spectacle qu'ils verront tout à l'heure produira plus d'effet que quarante missionnaires et soixante-dix ans de prédication. Matelots, placez le drôle debout sur le canon, comme je vous l'ai ordonné : voilà la manière de généraliser avec un Indien.

L'instant d'après, le malheureux était dans la position indiquée, regardant autour de lui avec une expression qui indiquait le sentiment du danger, bien qu'il ne pût comprendre exactement le genre de supplice qui l'attendait. J'allai auprès de lui et lui pressai la main, en lui montrant le ciel, pour lui faire sentir qu'il ne devait plus mettre sa confiance que dans le Grand-Esprit. L'Indien me comprit ; car, à partir de ce moment, il eut un maintien calme et assuré, comme quelqu'un qui est résigné à son sort. Il est probable que, dans ses idées, il ne trouvait rien d'étonnant à la manière dont on agissait envers lui ; car il avait sans doute sacrifié bien des prisonniers dans des circonstances qui justifiaient moins un pareil acte.

— Que deux des nègres lui passent l'extrémité du cartahu autour du cou, dit Marbre, trop élevé en dignité pour le faire lui-même, et répugnant à en charger un des matelots ; car, à leurs yeux, c'est une sorte de flétrissure dont il est difficile de se relever.

Je m'aperçus que, dans ce moment, l'Echalas regardait en haut, comme s'il pressentait le genre de mort qui lui était réservé. Cet amour de la vie, si profondément gravé en lui, projeta une ombre épaisse sur une figure déjà si basanée et si labourée par la souffrance et par les intempéries de l'air. Il regarda fixement Marbre, dont la voix dirigeait cette lugubre opération. Marbre vit ce regard, et je crus un moment qu'il allait surseoir à l'exécution, et lâcher ce misérable ; mais il s'était persuadé qu'il accomplissait un grand acte de justice maritime, et il ne s'apercevait pas lui-même combien il était influencé par un sentiment voisin de la vengeance.

— Enlevez ! s'écria-t-il ; et l'instant d'après l'Echalas était suspendu au bout de la vergue.

Un soliveau n'eût pas été dans une immobilité plus complète que le corps de ce sauvage, après un mouvement de frisson que lui arracha la souffrance. Un quart d'heure après, un nègre grimpa au mât, coupa le cartahu, et le corps tomba et disparut au fond de l'eau.

CHAPITRE XIV

Les récifs de corail

La Crisis se remit en route dès que le corps de l'Echalas fut détaché de la vergue. On était en plein midi, quand le bâtiment se lança de nouveau sur le vaste sein de la mer Pacifique ; le vent était sud-est, et, comme nous nous éloignions de la terre, il devint frais et stable.

Vers deux heures, je fus appelé dans la chambre du capitaine et initié au secret de nos mouvements ultérieurs. Je trouvai Marbre assis auprès de la table, ayant devant lui le pupitre à écrire du capitaine Williams, et quelques papiers étalés sous les yeux.

— Prenez un siège, monsieur Wallingford, dit le nouveau commandant avec une gravité appropriée à la circonstance ; je viens de jeter un coup d'œil sur les instructions données « au vieux » par les armateurs, et je vois que j'ai diantrement bien fait d'abandonner à eux-mêmes ces satanés brigands, et de me diriger vers le lieu de destination indiqué. Quoi qu'il en soit, le bâtiment s'est merveilleusement comporté. Il y a ici, bel et bien, soixante-sept mille trois cent soixante-dix dollars bien comptés, et cela en échange de marchandises estimées vingt-six mille deux cent quarante dollars, ni plus ni moins; et, si vous considérez qu'il n'y a ni droits, ni entrées, ni commissions à déduire, mais que ces dollars sont tous à nous, je dis que l'opération est bonne. Lisez cette page où les armateurs ont déposé leurs instructions ; lisez, monsieur Wallingford, et vous verrez ce qu'ils conseillent de faire précisément dans la position où nous nous trouvons aujourd'hui.

Le passage indiqué par Marbre était tout à fait hypothétique ; et il n'avait été introduit dans les instructions données au capitaine Williams qu'à la suggestion de Marbre lui-même, dont c'était le projet favori. Le capitaine Williams n'y avait fait aucune attention ; il se proposait d'aller aux îles Sandwich pour y prendre du bois de sandal ; c'était la route ordinairement suivie par les bâtiments marchands après avoir quitté la côte. Toutefois, le projet hypothétique était de ne faire que toucher à cette dernière île, pour y prendre quelques plongeurs, et d'aller à la recherche de certaines îles où l'on supposait que la pêche des perles serait abondante. Notre navire était trop grand et d'un trop grand prix pour l'aventurer dans une pareille entreprise, et je le dis à Marbre sans détour; mais cette pêche était son idée fixe, c'était un moyen rapide de faire fortune, et quoiqu'elle ne se trouvât dans les instructions que sous la forme d'hypothèse, il penchait à la regarder comme le grand objet du voyage.

Marbre avait d'excellentes qualités dans son genre, mais il n'était nullement propre à commander un bâtiment. Pour tout ce qui concernait l'arrimage de la cale, la mâture, le gréement, la direction de la manœuvre, la conduite du navire par tous les temps, il n'avait point son pareil; mais il manquait du jugement nécessaire pour défendre les intérêts de ses armateurs, et il n'avait aucune idée du commerce. C'était la raison véritable qui avait toujours mis obstacle à son avancement.

Je dois dire en passant que Marbre, en raison de ce qui était arrivé, éleva Talcott au grade de troisième officier; promotion qui me fit grand plaisir, car Talcott avait reçu de l'éducation; il était à peu près de mon âge, il avait été le compagnon de nos exploits dans l'affaire de la prise, et c'était un bonheur pour moi de le voir passer sur le gaillard d'arrière et de l'entendre appeler du nom de *monsieur* Talcott.

Notre traversée jusqu'aux îles Sandwich fut longue, mais paisible. Ce groupe d'îles occupait, en 1800, dans l'opinion du monde une place bien différente de celle qu'il occupe aujourd'hui. Les hommes qui nous reçurent n'étaient guère que des sauvages. Toutefois, parmi ceux qui vinrent les premiers à bord, se trouvait le patron d'un brig de Boston, dont le bâtiment avait donné contre un récif et s'était crevé.

Il comptait rester près du brig naufragé, mais il désirait céder une partie considérable de bois de sandal qui était encore à bord, et que le premier coup de vent pouvait disperser. S'il pouvait se procurer une nouvelle provision de marchandises pour continuer son trafic, il se proposait de rester au milieu des îles jusqu'à l'arrivée d'un autre bâtiment appartenant aux mêmes armateurs, qui le prendrait à bord avec tout ce qu'il aurait pu sauver du naufrage, et le nouveau bois qu'il se serait procuré dans l'intervalle. Le capitaine Marbre se frotta les mains de joie en revenant après avoir conclu son marché.

— Nous sommes en veine de bonheur, maître Miles, me dit-il, et la semaine prochaine nous serons en route pour aller à la pêche des perles. J'ai acheté tout le bois de sandal qui se trouve sur le bâtiment naufragé, payant en babioles, et tout au plus le double des prix indiens. Nous pourrons commencer ce soir même le chargement; il y a un excellent fond en dedans des récifs, et nous pourrons conduire *la Crisis* à cent brasses de la cargaison.

Tout cela fut fait comme Marbre l'avait annoncé, et en moins de huit jours, *la Crisis* était revenue à son ancrage en face du village, qui est aujourd'hui la cité d'Honolulu. Nous étant procuré quatre des meilleurs plongeurs, nous appareillâmes pour nous mettre à la recherche de l'Eldorado de perles du capitaine Marbre.

Il y avait un mois que nous étions en route, quand Marbre vint à moi pendant mon quart, par un beau clair de lune : il se frottait les mains, comme c'était son habitude quand il était de bonne humeur.

— Voulez-vous que je vous dise, Miles? s'écria-t-il! La Providence nous conduit comme par la main et elle a de grandes vues sur nous. Je ne serais pas étonné que nous découvrissions une île.

— En retirerions-nous grand profit? Il y a tant d'armateurs qui viendraient aussitôt revendiquer la découverte.

— Qu'ils viennent, je ne m'en soucie guère. Nous aurons baptisé, nous, et c'est le point capital. Terre de Marbre, Baie Wallingford, Cap Crisis; quel bel effet cela ferait sur une carte, n'est-ce pas, Miles?

— Certainement, commandant.

— Terre ! s'écria la vigie sur le gaillard d'avant.

— La voilà ! s'écria Marbre en s'élançant à l'avant ; j'ai jeté les yeux sur la carte il n'y a qu'une demi-heure, et elle n'indique rien dans un espace de six cents milles autour de nous.

C'était bien une terre, en effet, et beaucoup plus proche de nous qu'il n'était à désirer ; si proche même que le bruit des brisants sur le récif s'entendait distinctement du bord. La lune répandait une vive clarté, il est vrai, et la nuit était calme et embaumée ; mais la brise, qui était légère, soufflait dans la direction du récif, et de plus, il y avait toujours des courants à appréhender. Nous jetâmes la sonde, mais sans trouver le fond.

— Oui, oui, c'est un de ces bancs de corail où vous allez toucher tout d'un bond lorsqu'un moment auparavant vous veniez de jeter la sonde, grommela Marbre tout en commandant de faire venir au vent pour nous éloigner de la côte ; vous ne vous attendez à rien, et *patatras*, vous restez cloué à votre place. Et quant à jeter l'ancre, en supposant qu'on rencontrât le fond, le cable se trouverait dans la position d'un homme qui dormirait dans un hamac entouré de tous côtés de lames de rasoir.

Tout cela était assez vrai, et nous observâmes

l'effet de la manœuvre avec la plus vive anxiété; mais quelques secondes nous convainquirent que c'était peine perdue de vouloir nous élever de la côte par une brise si faible. Le navire était entraîné rapidement vers le récif, et les brisants commençaient à s'apercevoir au clair de lune; preuve terrible que nous en étions tout prêts.

C'était un de ces moments où Marbre n'avait pas son pareil. Il resta calme et de sang-froid; debout sur le couronnement, il donnait ses ordres avec une précision admirable. J'étais dans les chaînes pour observer l'effet de la sonde. Pas de fond, était la réponse invariable, et il n'y avait pas à espérer d'en trouver, car ces récifs étaient tout à fait perpendiculaires du côté du large. Je proposai de mettre la yole à l'eau et de gouverner sous le vent pour chercher si je ne trouverais pas un fond à quelque distance du récif sur lequel nous ne pouvions manquer d'être jetés avant quinze ou vingt minutes, si nous ne trouvions pas quelque moyen de nous arrêter.

— Soit, monsieur Wallingford, s'écria Marbre, c'est une bonne idée, et elle vous fait honneur.

Cinq minutes après j'étais parti, passant, à force de rames, sous la joue sous le vent du navire. Debout sur l'arrière, j'étais continuellement la sonde à la main, au milieu de l'écume que soulevaient nos avirons. Le récif était alors parfaitement visible, et je pouvais voir en même temps ainsi qu'entendre ces longues et terribles lames de fond qui, rencontrant ces barrières inattendues, s'y brisaient, et franchissaient l'obstacle en se dressant.

Dans cet instant critique, je vis sous le vent un point où l'onde ne venait pas se briser, et paraissait calme en comparaison. Nous n'en étions pas à cinquante brasses, et je me dirigeai sur-le-champ de ce côté, en excitant nos rameurs à redoubler d'efforts. Nous fûmes en un instant dans cette petite ceinture d'eau tranquille, et le courant emporta la yole avec tant de rapidité que je n'eus le temps de jeter la sonde qu'une seule fois ; le fond était à six brasses !

Je virai aussitôt de bord pour retourner au bâtiment. Heureusement il était à portée de la voix, continuant à gouverner au plus près, quoique, pour un pas fait dans la direction voulue, il en fit trois vers le récif. Je le hélai de toutes mes forces.

— Qu'y a-t-il, monsieur Wallingford ?

— Voyez-vous l'embarcation, commandant ?

— Parfaitement.

— *La Crisis* gouverne-t-elle passablement ?

— Passablement, c'est tout ce qu'on peut dire.

— Alors, ne faites point de question, et tâchez de suivre la yole ; c'est la seule chance que nous ayons, et elle peut être bonne.

On ne me répondit pas, mais j'entendis

Marbre crier de sa voix retentissante : « La barre au vent ! du monde sur les bras du vent ! » Je pouvais à peine respirer, en voyant *la Crisis* faire son abatée et avancer lentement. Cependant sa marche devint bientôt plus rapide, et je gagnai assez dans le vent pour laisser à *la Crisis* l'espace nécessaire pour gouverner. Enfin, j'entrai dans la passe ; l'eau se brisait des deux côtés de la yole, à dix brasses tout au plus, et son écume venait rejaillir jusque sur nos avirons ; mais la sonde me donna toujours six brasses. La fois d'après, j'en trouvai dix, et *la Crisis* venait d'arriver à l'endroit où j'en avais trouvé six. Les brisants faisaient rage derrière moi, et je criai aussitôt :

— L'ancre ! commandant, jetez l'ancre le plus vite possible !

M. Marbre ne répondit pas un mot ; mais les basses voiles furent carguées, puis les perroquets ; après quoi on amena le grand foc. Malgré le mugissement des brisants, j'entendis le bruit des huniers qui s'amenaient, et alors le bâtiment vint au vent. Enfin, une des ancres de poste tomba pesamment du brossoir dans l'eau, et ce bruit frappa délicieusement mes oreilles. Je continuai à rester immobile, pour épier le résultat ; le câble fut filé librement, et je remarquai que le bâtiment venait à l'appel de son ancre ; l'instant d'après, j'étais à bord.

— Vous m'avez tiré une fameuse épine du pied, monsieur Wallingford, dit Marbre en me secouant la main avec une énergie qui en disait plus que toutes les paroles ; vous m'avez piloté à merveille... Mais n'est-ce pas la terre que je vois là-bas sous le vent... plus à l'ouest, mon garçon ?

— Elle-même, commandant, sans aucun doute ; ce doit être une des îles de corail, et ce récif est celui qui leur reste ordinairement du côté du large. On dirait qu'il y a des arbres sur la côte ?

— Voilà une découverte, mon ami, et il y a là de quoi nous immortaliser. Cette passe, je l'appelle Passe de Miles, et ce récif, le Récif de la Yole.

Je n'eus pas le courage de sourire de cet accès de vanité, je ne songeais qu'au salut du bâtiment. Le temps était doux, la baie tranquille ; la nuit était belle, et il était très important de savoir au juste à quoi nous en tenir sur notre position. Le câble pouvait se raguer, et même c'était un accident assez probable si près d'un banc de corail. J'offris de m'approcher de la terre, tout en sondant, pour faire les observations qui pourraient nous intéresser. Le capitaine y consentit, en me recommandant de prendre de l'eau et des provisions, dans le cas où il ne serait pas possible de revenir avant le lendemain.

La baie, entre le récif et l'île, pouvait avoir une lieue de large ; sa profondeur était presque partout de dix brasses. La barrière extérieure des rochers contre laquelle la mer se brisait, semblait être un mur avancé que les insectes aquatiques avaient érigé comme pour défendre leur île, sortie des profondeurs de l'Océan par suite des efforts réunis de leurs ancêtres, il y avait un ou deux siècles. Les ouvrages gigantesques accomplis par ces merveilleux ouvriers sont bien connus des navigateurs, et ils nous donnent une idée assez exacte de la manière dont la face du globe a subi quelques-unes de ses transformations.

Je trouvai la terre d'un accès facile, basse, boisée, et sans aucun signe d'habitation. La nuit était si belle, que je m'aventurai dans l'intérieur, et, après avoir marché plus d'un mille, presque toujours à travers un bois de cocotiers et de bananiers, j'arrivai au bassin naturel qu'on trouve ordinairement dans les îles de cette formation particulière. La passe était à peu de distance, et j'envoyai dire par un des matelots d'y amener la yole. Je jetai la sonde dans la baie et dans la passe, et je trouvai presque partout dix brasses d'eau sur un fond sablonneux ; comme je m'y attendais, l'endroit le moins profond était la passe, encore n'y avait-il nulle part moins de cinq brasses. Il était alors minuit, et je serais resté dans l'île jusqu'au matin, pour continuer mes recherches à la faveur du jour; mais j'aperçus *la Crisis* sous voiles, si près de nous que je fus convaincu qu'elle dérivait vers la terre; je n'hésitai pas, et je retournai sur-le-champ à bord.

Je ne me trompais pas : les rochers avaient ragué le câble, et Marbre était sous voiles, attendant mon retour pour décider où il pourrait de nouveau jeter l'ancre. Je lui parlai du bassin au milieu de l'île, en lui donnant l'assurance qu'il y avait assez d'eau. Ma réputation était faite depuis la manière dont j'avais dirigé *la Crisis* dans la passe, et je fus chargé de la conduire dans ce nouveau port.

Bientôt après, *la Crisis* flottait au milieu du bassin. Nulle part nous n'aurions pu trouver un abri plus sûr. Mouillée sur une seule ancre, elle y eût bravé tous les coups de vent et toutes les tempêtes. Notre sécurité était si profonde, que nous carguâmes toutes nos voiles, et après avoir établi un seul homme pour le quart, nous gagnâmes nos hamacs.

Jamais je n'avais reposé ma tête à bord d'un bâtiment avec un sentiment de satisfaction plus vif. Avouons-le : j'étais parfaitement content de moi. C'était grâce à ma décision et à ma vigilance que le bâtiment avait été sauvé, près du récif, et je crois qu'il aurait échoué contre les rochers, si je n'avais pas découvert son mouillage actuel. Au contraire, il était à l'abri, entouré de terre de tous côtés, avec un bon fond, beaucoup d'eau et un excellent ancrage. Au milieu de la Mer

Pacifique, loin de tous officiers de douanes, dans une île inhabitée et tout récemment découverte, il n'y avait aucun sujet de crainte. On dort paisiblement en pareil cas, et j'avais à peine la tête dans mon hamac, que j'aurais été profondément endormi, si Marbre n'avait pas cherché à lier conversation avec moi à travers la porte de la chambre, qui était entr'ouverte.

— En général, dit-il en commençant, je suis pour généraliser — on a déjà pu voir que c'était son expression favorite; aussi l'employait-il à tort et à travers. — Voyons: nous avons déjà la Terre de Marbre, la Baie Wallingford, le Récif de la Yole, l'Ancrage de Miles, — et, par parenthèse, c'était un ancrage diantrement mauvais, mon garçon; mais, que voulez-vous ! dans ce triste monde, il faut prendre le mal avec le bien.

— Vous avez raison, commandant, répondis-je, dormant déjà à moitié; mais quant à cet ancrage, je ne le prendrai plus, je vous en réponds.

— Ah ! ah ! nous plaisantons ? Eh bien ! cela délasse... Eh ! Talcott... Eh bien ! Miles, est-ce qu'il dort déjà ?

— Oui, de tout son cœur, commandant, et je crois que je ne tarderai pas à en faire autant.

— Voilà un dormeur fieffé ! Savez-vous bien, Miles, qu'une découverte pareille peut faire la fortune d'un homme ! Le monde généralise en fait de découvertes, qu'on s'appelle Colomb, Cook ou Marbre, peu lui importe. Une île est une île, et celui qui en découvre une le premier en a tout l'honneur. Pauvre capitaine Williams ! il aurait bien monté ce bâtiment pendant un siècle, qu'il n'aurait rien découvert, lui !

— Si ce n'est la baie de l'Echalas, murmurai-je indistinctement, en ouvrant à peine les lèvres.

— Ah ! oui, cette maudite baie. Sans nous, cependant, le bâtiment ne s'en serait jamais tiré. Nous sommes d'heureux mortels !... Savez-vous, Miles... Eh ! bien, m'entendez-vous ?

— Arrive tout !

— Le voilà qui rêve, à présent ! Encore un mot, mon garçon, avant que vous ayez tout à fait perdu connaissance. Ne pensez-vous pas que cela ferait bon effet de glisser un peu de patriotisme dans les noms ? Le rocher du Congrès résonnerait admirablement, et le banc de Washington ne serait pas mal non plus. Il faut que Washington ait sa part du gâteau.

— Merci, commandant, je n'ai plus faim.

— Allons, le voilà parti ! je crois que le mieux est d'en faire autant, quoiqu'il ne soit pas facile de dormir quand on vient de faire une semblable découverte... Bonne nuit, Miles !

Tel fut le dialogue échangé entre nous, à ce que me raconta Marbre par la suite. Jamais on ne dormit plus paisiblement que nous ne le fîmes pendant les cinq heures qui suivirent. Le bâtiment était aussi silencieux qu'une église un jour ouvrable. Pour moi, je ne vis, je n'entendis rien jusqu'au moment où je me sentis tirer violemment par l'épaule. Je crus qu'on me réveillait pour mon quart, et je fus debout en un instant. Ébloui par les rayons du soleil qui pénétraient par la fenêtre, je ne vis pas dans le premier instant que c'était le capitaine en personne.

— Miles, me dit-il d'un air grave, il y a une sédition à bord! Entendez-vous, monsieur Wallingford, une détestable sédition!

— Comment donc, commandant? je n'y comprends rien; nos matelots semblaient contents.

— Voyez-vous: jetez une pièce de cuivre en l'air, vous ne savez jamais si elle retombera croix ou pile. Je m'étais couché hier bien tranquille. Je me lève, et je trouve tout en déroute.

— Mais, commandant, je n'entends pas de bruit; le bâtiment est toujours à la même place; ne vous trompez-vous pas?

— Non. Je me suis levé il y a quelques minutes, et j'allais monter sur le pont pour regarder votre bassin et respirer le frais, quand j'ai trouvé le dôme de l'échelle fermé à la manière de l'Echalas. Vous accorderez sans doute qu'un équipage n'oserait pas enfermer ses officiers, s'il n'avait l'intention de s'emparer du bâtiment?

— Voilà qui est extraordinaire! Peut-être

quelque accident est-il arrivé aux portes? Avez-vous appelé, commandant?

— J'ai frappé coup sur coup comme un amiral, mais point de réponse. J'allais essayer d'enfoncer la porte, quand j'ai entendu sur le pont des éclats de rire mal comprimés, et alors j'ai su à quoi m'en tenir. Quand des matelots rient à la barbe de leurs officiers, en même temps qu'ils les mettent sous les verrous, vous conviendrez peut-être que cela frise la révolte?

— Sans doute, commandant. Ne ferons-nous pas bien de nous armer?

— C'est ce que j'ai déjà fait. Vous trouverez des pistolets chargés dans la grande chambre.

En deux minutes les deux autres officiers nous avaient rejoints; ils s'armèrent comme nous, et Marbre voulait sur-le-champ tenter une sortie; mais je lui fis remarquer qu'il n'était pas probable que Neb et le maître d'hôtel fussent du complot, et qu'il serait à propos de voir ce qu'ils étaient devenus, avant de commencer les opérations. Talcott alla sur-le-champ au poste où couchait le maître d'hôtel, et il revint dire qu'il l'avait trouvé profondément endormi.

C'étaient deux bras de plus, et, avec ce renfort, Marbre résolut de faire sa première démonstration du côté du gaillard d'avant, où, en agissant avec prudence, nous pourrions surprendre les mutins. Une porte communiquait avec le gaillard, et elle était fermée du côté de l'entrepont. La plus grande partie de la cargaison étant à fond de cale, il ne nous fut pas difficile d'arriver jusqu'à la porte. Nous prêtâmes l'oreille.

A notre grande surprise, nous n'entendîmes que des ronflements prolongés sur tous les tons de la gamme de Morphée. Marbre ouvrit aussitôt la porte, et nous entrâmes dans le poste des matelots, le pistolet à la main. Chaque hamac était occupé, et tout le monde dormait. La fatigue, l'habitude d'être appelés dès qu'il y avait quelque chose à faire, expliquaient ce retard. Contrairement à l'usage dans un climat si chaud, la porte du dôme était fermée, et en voulant l'ouvrir on reconnut qu'elle était barricadée.

— Pour généraliser sur cette idée, Miles, s'écria le capitaine, je soupçonne que nous sommes encore bloqués par des sauvages.

— Cela en a tout l'air, commandant. Et pourtant je n'ai rien vu qui pût me faire croire que l'île fût habitée. Ne pensez-vous pas que nous ferions bien de rassembler l'équipage pour voir s'il manque quelqu'un?

— Très bien... Faites passer tout le monde dans la grande chambre; nous y verrons plus clair.

Je n'eus pas de peine à réveiller nos gens; l'appel fut fait : il ne manquait qu'un homme. C'était celui qui était de quart sur le pont.

— Ce ne peut être Harris qui se soit permis cette plaisanterie, dit Talcott ; et pourtant cela en a tout l'air.

— Vous êtes bien sûr que la Terre de Marbre est une île inhabitée ? demanda le capitaine.

— Du moins, je le crois, commandant. Ce qui est certain, c'est que je n'ai vu âme qui vive.

— Par malheur toutes les armes sont sur le pont, dans le coffre aux armes, ou suspendues de différents côtés. Allons, il n'y a pas tant de ménagements à garder avec un seul homme. Je vais lui envoyer un message qui amènera bien vite le drôle à composition.

Ce que Marbre appelait un message fut si vigoureusement appliqué que je crus un instant qu'il enfoncerait la porte.

— Tout doux, tout doux, dit une voix sur le pont ; pourquoi tout ce tapage ?

— Qui diable êtes-vous ? demanda Marbre en redoublant ses coups ; ouvrez vite ou je vous jette par-dessus le bord.

— *Monsieur*, vous êtes *prisonnier ;* comprenez-vous, *prisonnier ?*

— Ce sont des Français, commandant, m'écriai-je, et nous sommes au pouvoir de l'ennemi.

C'était à ne pas en croire nos oreilles. Après quelques minutes de pourparlers, un arrangement fut conclu, d'après lequel on me permettait de monter sur le pont pour reconnaître le véritable état des choses, tandis que Marbre et le reste de l'équipage resteraient confinés où ils étaient. La trêve conclue, une porte s'ouvrit et me donna passage.

Quand je jetai les yeux autour de moi, la stupeur me priva un instant de l'usage de la parole. Cinquante hommes armés, tous Français, à en juger par leur air et leur langage, se pressaient autour de moi, non moins curieux de me voir que je ne l'étais de les observer. Au milieu d'eux était Harris, qui s'approcha de moi d'un air triste et embarrassé.

— Je sais que je mérite la mort, monsieur Wallingford, me dit cet homme en commençant. Après tant de fatigues, et tout paraissant si tranquille, je n'ai pu résister au sommeil ; et quand je me suis réveillé, j'ai trouvé ces gens à bord et en possession du bâtiment.

— Mais d'où viennent-ils, au nom du ciel? Est-ce qu'il y a un bâtiment français près de cette île?

— D'après ce que j'ai pu voir et entendre, c'est l'équipage de quelque bâtiment naufragé, porteur de lettres de marque. Trouvant une bonne occasion de quitter l'île et de faire une riche prise, ils ont mis la main sur la pauvre *Crisis*. Que Dieu la protège! quoiqu'elle soit maintenant sous le pavillon français.

Je levai les yeux, et en effet je vis flotter dans les airs le pavillon tricolore!

CHAPITRE XV

Un capitaine français

La Pauline était un bâtiment de six cents tonneaux, qui portait des lettres de marque du gouvernement français ; elle avait appareillé de France quelques semaines après notre départ de Londres, pour une destination à peu près semblable à la nôtre. Elle avait d'abord été aux îles françaises à la hauteur de Madagascar, où elle avait laissé une partie de sa cargaison, et pris en retour quelques objets de valeur. Elle s'était rendue de là aux îles Philippines, suivant à la piste des bâtiments de commerce anglais et américains, en capturant deux des premiers, et les coulant bas après avoir pris dans leurs cargaisons ce qui était à sa convenance. De Manille, *la Pauline* gouverna vers la côte de l'Amérique du Sud, comptant laisser dans cette partie du monde, en échange de bon métal, certains articles apportés de France, d'autres achetés à Bourbon, à l'île de France, aux Philippines, et diverses caisses et ballots trouvés dans les cales de ses prises.

Pour effectuer tout cela, M. Le Compte, son commandant, comptait d'abord sur la vitesse remarquable de son bâtiment, ensuite sur son audace et sa dextérité peu commune, et enfin sur le penchant bien connu des Américains du Sud pour la contrebande. Les doublons et les dollars ne prenant que peu de place, il réservait la plus grande partie de l'intérieur de son navire, après son trafic sur l'Océan, pour la récolte qu'il pourrait faire à bord des six ou huit prises sur lesquelles il comptait, — et il se trompait rarement dans son calcul, — après être passé à l'est du cap Horn. Toutes ces espérances avaient été réalisées jusqu'à une époque de trois mois, jour pour jour, avant notre arrivée dans cette malheureuse île.

Dans la nuit du jour en question, *la Pauline*, sans soupçonner en aucune manière le voisinage du moindre danger, courant au plus près avec un peu de largue dans ses voiles, sans beaucoup de mer, était venue donner contre une partie du récif même qui avait failli nous être si fatal. C'étaient des rocs de corail, et il n'y avait pas deux heures qu'elle était échouée que déjà ils se montraient à travers sa cale.

Les sucres qui avaient été pris pour lest à l'île de France furent bientôt d'une valeur plus que douteuse ; mais le temps continuant à être favorable, le capitaine Le Compte parvint, à l'aide de ses canots, à transporter dans l'île tous les autres objets de prix, et il se mit à dépecer le bâtiment, afin de construire avec les matériaux une embarcation qui pût le conduire, lui et son équipage, sur quelque terre civilisée. Comme il avait beaucoup d'outils, et près de soixante hommes, l'ouvrage marcha vite, et un schooner d'environ quatre-vingt-dix tonneaux était assez avancé pour qu'on pût fixer le jour où il pourrait être lancé à la mer.

Tel était l'état des choses quand, une belle nuit, nous arrivâmes de la manière que j'ai racontée. Les Français faisaient bonne garde, et nous n'étions encore qu'un point imperceptible à l'horizon, qu'ils nous avaient déjà vus, tandis que les arbres rabougris de l'île avaient échappé à notre vigilance. A l'aide d'une longue-vue de nuit, tous nos mouvements furent observés, et on fut au moment d'envoyer un canot pour nous avertir du danger que nous courions ; mais le capitaine Le Compte réfléchit qu'il y avait vingt à parier contre un que nous étions des ennemis, et il préféra rester caché pour attendre le résultat.

Dès que nous eûmes jeté l'ancre dans le bassin, et que le silence régna à bord, il arma son canot et vint, avec des avirons garnis aux dames de manière à éviter tout bruit, pousser une reconnaissance jusque sous nos bossoirs. Voyant que tout était calme, il se hasarda sur les porte-haubans, puis enfin sur le pont, suivi de trois de ses hommes ; il y trouva Harris qui ronflait le dos appuyé contre un affût de canon, et s'assura aussitôt de sa personne. Il ne restait plus qu'à fermer le dôme de l'échelle et les portes des chambres, pour que nous fussions tous prisonniers en bas. L'embarcation alla chercher du renfort, et pendant que nous dormions paisiblement, le navire avait changé de maîtres.

Quand le jour parut, je reconnus que l'île était telle que je me l'étais figurée ; seulement elle était moins grande qu'elle ne me l'avait paru au clair de lune, mais l'aspect général était le même. Le bassin dans lequel le bâtiment était à l'ancre pouvait couvrir une étendue de cent cinquante acres, la ceinture de terre qui l'entourait variant en largeur d'un quart de mille à trois milles. La plus grande partie de l'île était boisée, quoique découverte ; elle était à une élévation de vingt à trente pieds au-dessus de l'Océan, et elle contenait plusieurs sources d'eau douce. La terre était couverte d'un gazon charmant, et les Français toujours gastronomes, avec leur activité ordinaire, avaient déjà semé des légumes. Je vis leurs tentes qui s'étendaient sur une seule ligne sous l'ombrage des arbres. *La Petite-Pauline* — c'était le nom du schooner, — était sur le chantier en train de recevoir sa première couche de peinture.

— Toujours de bon sens, toujours de bonne humeur, M. Le Compte était philosophe dans la meilleure acception du mot. Prenant les choses lui-même sans murmurer, il cherchait à rendre les autres aussi heureux que les circonstances le permettaient. A sa demande, j'invitai M. Marbre à venir sur le pont ; je fis connaître à mon commandant l'état des choses, et nous nous mîmes en devoir d'écouter les propositions de notre vainqueur. M. Le Compte, tous ses officiers et quelques-uns des hommes de son équipage, avaient été prisonniers en Angleterre, et il n'y eut aucune difficulté à commencer les négociations dans notre langue.

— Votre bâtiment, bien entendu, deviendra français, commença M. Le Compte dans un jargon moitié anglais, moitié français, avec sa cargaison, son gréement, et tout le reste : bien, c'est convenu. Je ne pousserai pas les choses à la rigueur dans mes conditions. Si vous pouvez nous reprendre votre bâtiment à nous autres Français, [illegible] de mieux ; chacun pour soi et pour sa nation. Voilà le pavillon français, et il flottera là tant que la chose dépendra de nous ; mais, parole d'honneur, la prise ne nous a pas coûté cher et elle se vendra bien. Maintenant, monsieur, je vous mettrai, vous et tous vos hommes, en possession de l'île, où vous prendrez notre place, pendant que nous prendrons la vôtre. Les armes resteront provisoirement entre nos mains ; mais, en partant, nous vous laisserons fusils, poudre, et tout cela.

Tel fut presque mot à mot le programme de la capitulation proposée par le capitaine Le Compte. Il n'entrait pas dans la nature de Marbre d'acquiescer à un pareil arrangement sans regimber de toutes ses forces ; mais que faire, après tout? Nous étions entre les mains de M. Le Compte, et quoique disposé à en agir généreusement avec nous, il était facile de voir qu'il entendait nous dicter ses conditions. Je réussis enfin à faire comprendre à Marbre que la résistance était inutile, et, il se soumit à peu près d'aussi bonne grâce que l'homme qui n'a pas été magnétisé se soumet à l'amputation ; ceux qui l'ont été trouvent, dit-on, plutôt du plaisir à cet amusement.

Les termes de la capitulation ne furent pas plutôt acceptés que les hommes de notre équipage furent rassemblés sur le gaillard d'avant d'où ils furent transférés sur les embarcations qui devaient les conduire à terre. Toutes les caisses, tous les effets personnels furent transportés avec les plus grandes précautions à bord des canots de *la Pauline*, qui étaient prêts à les recevoir. Quant à nous autres officiers, nous fûmes mis à bord du canot du capitaine, Neb et le mousse du capitaine étant chargés de veiller à notre bagage.

Quand tout le monde fut embarqué, nous nous dirigeâmes vers la terre, et jamais on ne prit plus tristement possession d'un pays nouvellement découvert. Marbre affectait de siffler, mais je remarquai qu'il mêlait ensemble deux airs d'une mesure tout à fait différente. Pour dire la vérité, le moral de l'ex-lieutenant était sensiblement affecté ; quant à moi, je considérais l'affaire comme un incident de guerre, je ne m'en tourmentais pas outre mesure.

— Voilà, messieurs ! s'écria M. Le Compte en agitant ses bras d'un air de suprême générosité ; vous serez les maîtres ici, dès que nous serons partis, et nous vous laisserons notre petit avoir.

— Oui, il est diantrement généreux, Miles, murmura Marbre à mon oreille. Il nous laissera l'île, et les récifs, et les noix de coco, et il s'en ira avec notre bâtiment et sa cargaison. Je parierais tout au monde qu'il ne nous laissera pas même son infernal schooner.

— Que sert de nous plaindre, commandant? En nous maintenant en bonne intelligence avec les Français, nous pouvons adoucir notre sort.

L'événement prouva bientôt combien je disais vrai. Le capitaine Le Compte nous invita à venir partager son déjeuner, et nous nous rendîmes à cet effet dans la tente des officiers français. Pendant ce temps, les matelots français transportaient à bord le peu d'objets qu'ils comptaient emporter, dans l'intention généreuse de laisser leurs tentes à la disposition immédiate de nous autres prisonniers. Comme le projet de M. Le Compte était de se rendre dans la mer d'Espagne, pour y compléter ses opérations de commerce, on embarqua également les articles qu'on s'était proposé primitivement d'échanger contre des dollars. Pendant ce temps, nous nous mîmes à table.

— C'est la fortune de guerre, messieurs, observa le capitaine Le Compte en faisant tourner légèrement entre ses mains le moussoir dans une cafetière de chocolat avec toute la dextérité d'un artiste consommé... A merveille, Antoine, c'est excellent.

Antoine parut sous les traits d'un mousse bien enfumé, dont le visage était couleur de cuivre ; il reçut ordre de porter une tasse de chocolat, avec les compliments du capitaine, *à Mademoiselle*, et de lui dire que, selon toute apparence, elle quitterait l'île dans peu de jours, et qu'avant trois ou quatre mois elle reverrait *la belle France*. Ces mots furent dits en français, très rapidement, et avec l'expression d'un homme qui sent tout ce qu'il dit, et même davantage ; mais je connaissais assez la langue pour saisir le sens.

Après le déjeuner, M. Le Compte me prit à part pour m'expliquer ses intentions. Il m'avait choisi pour cette communication, parce qu'il avait observé l'état moral de mon capitaine. Je comprenais aussi un peu le français, ce qui n'était pas inutile avec un homme qui entremêlait son anglais de tant d'expressions nationales.

Il m'expliqua que les Français mettraient le schooner à l'eau le soir même, que les mâts, les agrès, les voiles, tout était prêt ; avec de l'activité, nous pourrions être en état de quitter l'île dans quinze jours au plus tard. Une partie de nos provisions serait débarquée, comme mieux appropriée à nos habitudes que celles qui avaient été retirées de *la Pauline* ; tandis qu'une partie de ces dernières serait transférée à bord de *la Crisis*, pour la même raison, comme convenant mieux aux Français. En un mot, nous n'aurions guère qu'à guinder les mâts, disposer le gréement, remplir la cale, et aller gagner le port ami le plus voisin.

— Je pense que vous irez à Canton, ajouta M. Le Compte ; ce ne sera guère plus loin que de gagner l'Amérique du Sud ; et vous y trouverez bon nombre de vos compatriotes. De là vous pouvez aller chez vous avec toute facilité... Allons ! s'écria tout à coup le capitaine français, nous sommes près de la tente de *Mademoiselle*, allons voir comment elle se porte, ce matin.

En levant les yeux, je vis deux petites tentes à cinquante pas de nous. Elles étaient dans une situation charmante, au milieu d'un bouquet d'arbres assez épais, et près d'une des sources les plus délicieusement limpides que j'aie jamais vues.

Les tentes étaient faites en toile neuve, et avaient été construites avec beaucoup de soin et de dextérité. Celle dont nous approchions était recouverte de tapis, et avait tous les dehors de l'habitation la plus commode.

M. Le Compte, qui était réellement un bel homme de moins de quarante ans, prit son air le plus aimable en approchant de la porte ; et il toussa une ou deux fois, le plus respectueusement qu'il put, comme pour annoncer sa présence. A l'instant même une servante parut pour le recevoir. Dès que je jetai les yeux sur cette femme, il me sembla que ses traits m'étaient familiers, bien que je ne pusse me rappeler ni où, ni quand je l'avais vue. La rencontre était si étrange que j'y réfléchissais encore, quand tout à coup je me trouvai dans la tente, en présence d'Emilie Merton et de son père !

Nous nous reconnûmes du premier coup d'œil ; et, au grand étonnement de M. Le Compte, je reçus l'accueil le plus cordial comme une vieille connaissance. Notre connaissance n'était pas très vieille, il est vrai ; mais dans une île inhabitée de la mer du Sud, on est heureux de trouver une figure qu'on a déjà vue quelque part.

Emilie n'avait plus ces belles couleurs qu'elle avait emportées de Londres, il y avait un an ; mais elle était toujours fraîche et jolie. Elle était en deuil ainsi que son père ; et, ne voyant pas paraître sa mère, j'en devinai la cause. Mistress Merton était d'une faible santé quand je l'avais connue, mais je ne l'aurais pas crue menacée d'une fin aussi prochaine.

Je crus remarquer que le capitaine Le Compte était mécontent de l'accueil qui m'était fait ; cependant ses bonnes manières ne se démentirent pas, et il se leva en disant qu'il me laissait avec mes amis pour ne pas gêner nos explications mutuelles, et qu'il allait donner un coup d'œil à quelques détails du service. Lorsqu'il se retira, je n'aimai pas à le voir s'approcher d'Emilie et lui baiser la main. Il le fit avec respect, et même avec une certaine grâce ; mais il y avait dans sa manière une intention sur laquelle on ne pouvait se méprendre. Emilie rougit en lui disant adieu, et lorsque je me retournai vers elle, malgré mon dépit involontaire, je ne pus m'empêcher de sourire.

— Jamais, monsieur Wallingford, jamais ! dit Emilie avec force, dès que le capitaine fut dehors, répondant sans doute à la pensée qu'elle lisait dans mes yeux ; nous sommes à sa merci, et nous devons le ménager, mais jamais je n'épouserai *un étranger.*

— Prenez garde, Emilie, dit son père en riant, vous allez décourager Wallingford, s'il lui prenait jamais fantaisie de penser à vous.

Emilie rougit, mais son embarras ne dura pas, et elle répondit avec une vivacité charmante :

— M. Wallingford ne me croit pas assez mal élevée pour vouloir blesser qui que ce soit, mais je suis sûre que, dans tous les cas, il ne me poursuivrait pas comme cet importun Français, qui a toujours l'air plutôt d'un sultan turc que d'un amant respectueux. Et puis...

— Et puis quoi, miss Merton ? m'aventurai-je à demander, en voyant qu'elle hésitait.

— Et puis, les Américains sont à peine des étrangers pour nous, ajouta Emilie en souriant ; car vous savez, mon père, que nous avons des parents aux Etats-Unis.

— Oui, ma chère ; et si mon père s'était établi là où il s'est marié, nous serions Américains nous-mêmes. Mais M. Le Compte nous a laissé un moment de liberté, et il faut en profiter pour nous apprendre mutuellement ce qui nous intéresse. On ne nous laissera pas longtemps seuls.

Emilie me pressa de commencer, et je lui racontai en peu de mots ce qui m'était arrivé depuis que je ne l'avais vue. J'avais hâte d'en finir, pour entendre le détail des aventures qui les avaient conduits eux-mêmes dans une position si extraordinaire.

— Quand vous nous avez quittés à Londres, Wallingford, me dit M. Merton, je pensais partir pour les Indes occidentales ; mais une place plus avantageuse m'étant offerte dans l'est, je m'embarquai pour Bombay. Nous n'étions qu'à trois ou quatre jours de distance de notre destination, quand nous rencontrâmes *la Pauline*; et notre bâtiment, qui était petit et sans moyen de défense, fut aisément capturé. Dans le premier moment, je crois que le capitaine Le Compte aurait été disposé à me laisser aller sur parole, mais il ne se présenta point d'occasion, et *la Pauline* nous conduisit à Manille. Ce fut là que nous fîmes la perte affreuse que, sans doute, vous avez devinée en nous voyant en deuil. Mais alors M. Le Compte était devenu l'amant déclaré d'Emilie, et nous ne pouvons plus espérer notre délivrance, tant qu'il trouvera des prétextes pour la différer.

— J'espère qu'il n'abuse pas de son pouvoir pour tourmenter miss Merton par ses importunités?

Emilie me remercia par un sourire de la chaleur avec laquelle je venais de m'exprimer.

— Oh! non, nous n'avons pas à nous plaindre, dans ce sens du moins, reprit le major. M. Le Compte fait pour nous tout ce que sa délicatesse peut lui suggérer ; et jamais passagers n'ont été plus libres ni entourés de plus de soins que nous l'étions à bord de *la Pauline*. La chambre de l'arrière nous avait été abandonnée pour notre usage. A Manille, on me laissa toute liberté, sur ma simple promesse de revenir. Dans toutes les circonstances, nous sommes traités avec les plus grands égards ; mais Emilie est trop jeune pour épouser un homme de quarante ans, trop Anglaise pour aimer un étranger, et trop bien née pour accepter un homme qui n'est que dans la marine marchande, je veux dire qui n'a rien, et qui n'est rien que par son bâtiment.

Je compris la distinction du major ; il voulait établir une différence entre l'héritier de Clawbonny, courant les mers pour son plaisir, et celui qui ne le faisait que par métier. Elle n'était pas faite très délicatement, mais c'était quelque chose dans la bouche d'un Anglais parlant à un Américain.

— Je conçois aisément que miss Merton porte ses prétentions plus haut que le capitaine Le Compte, répondis-je en inclinant la tête pour remercier tacitement de la distinction faite en ma faveur, et je suis convaincu que ses importunités cesseraient, s'il était convaincu qu'elles sont inutiles.

— Vous ne connaissez pas les Français, monsieur Wallingford, dit Emilie. Essayez donc de persuader à l'un d'eux qu'il n'est pas adorable.

— Je ne saurais croire que ce faible s'étende jusqu'aux marins, répondis-je en riant. En tout cas, vous serez délivrée dès que vous aurez mis le pied en France.

— Et plus tôt, je l'espère, Wallingford, reprit le père. Ces Français peuvent faire ce qu'ils veulent ici, dans la solitude de l'Océan Pacifique; mais, une fois sur l'Atlantique, nous trouverons quelque croiseur anglais qui nous recueillera sur son bord, longtemps avant que nous touchions la France.

Cet espoir était raisonnable, et ce fut quelque temps le sujet de la conversation. Quand je crus prudent de me retirer, le major m'accompagna, pour me montrer à l'extrémité de l'île une pointe d'où je pouvais voir le bâtiment naufragé, puis il me laissa, et je continuai à suivre la côte, réfléchissant à tout ce qui s'était passé.

En approchant de la côte extérieure de l'île, en face du bâtiment naufragé, je me trouvai tout à coup auprès de Marbre. Le pauvre diable était assis sur une saillie d'un rocher de corail, les bras croisés, et il était plongé dans une si profonde méditation, qu'il ne m'entendit pas même approcher, quoique je marchasse exprès lourdement. Ne voulant pas le troubler, je me mis à considérer aussi les débris du naufrage, car on les distinguait beaucoup mieux de ce point que de tout autre.

Les Français avaient ravagé le navire beaucoup plus que les éléments. Échoué sous le vent de l'île, il eût fallu des années entières pour le dépecer entièrement dans une mer aussi tranquille. Presque toutes les œuvres hautes étaient pourtant enlevées, et je découvris, plus tard, que les charpentiers français étaient parvenus à ôter une partie des varangues, n'en laissant que ce qu'il fallait pour maintenir la carcasse. Les bas mâts étaient encore debout, mais les basses vergues avaient été ôtées, sans doute pour être utilisées pour le schooner ; la plage était encore parsemée d'objets qu'on n'avait pas trouvé à employer.

Enfin, un mouvement que je fis appela l'attention de Marbre, et il tourna la tête de mon côté ; il parut content de me voir, et surtout de me voir seul.

— J'étais à généraliser un peu sur notre position, Miles me dit-il, et, par quelque bout que je l'envisage, je la trouve assez mauvaise, assez pour en perdre presque courage. J'aimais ce navire, monsieur Wallingford, autant qu'on peut aimer ses parents. Je n'ai jamais eu de femme ni d'enfants, et l'idée qu'il est tombé entre les mains des Français est plus que je ne puis supporter. Si c'eût été l'Echalas, j'aurais pu me roidir contre ce malheur ; mais se rendre à une maudite carcasse de bâtiment naufragé, et à des Français encore, c'est surhumain !

Marbre n'y tenait plus ; il laissa tomber sa tête entre ses mains, et je vis de grosses larmes s'échapper à travers ses doigts, comme l'eau que distille un rocher.

— Les chances de la mer, commandant, répondis-je tout bouleversé d'un pareil spectacle, mettent quelquefois les meilleurs marins à de rudes épreuves. Tout est-il donc perdu, après tout ?

— Mais à peu près, ce me semble.

— Si ceux qui surprennent peuvent être surpris, ne peuvent-ils pas prendre leur ancien métier, et surprendre encore une fois à leur tour ?

— Que voulez-vous dire, Miles ? dit Marbre en levant tout à coup la tête et précipitant ses paroles. Généralisez-vous, ou avez-vous en vue quelque projet particulier ?

— L'un et l'autre, commandant ; je généralise au point de vue des chances ordinaires de la guerre, et je particularise quant à certaine idée qui m'est venue.

— Voyons cette idée, Miles ; voyons, mon garçon ; vous n'êtes pas né pour être un homme ordinaire.

— Apprenez-moi, d'abord, commandant, si

vous avez eu encore quelque conversation avec M. Le Compte? Vous a-t-il dit ses projets?

— Je quitte à l'instant ce grimacier fieffé. Ses sourires aimables, Miles, sont autant de coups d'épingle qu'il vous lance pour vous faire sentir son bonheur; mais, si je retourne jamais aux Etats-Unis, du diable si je n'arme pas un corsaire pour me mettre à ses trousses. Je me ferais pirate, je crois, pour attraper ce pendard.

— Mais quelle nécessité d'aller aux Etats-Unis pour trouver un schooner, commandant, quand les Français ont la politesse de nous en donner un, précisément là où nous sommes?

— Je commence à vous comprendre, mon garçon; cette idée n'est pas sans charme. Mais ce Français a déjà ma commission entre ses mains, et, sans cette pièce, c'est de la piraterie que nous ferions.

— Permettez-moi d'en douter, commandant, quand c'est un accident qui a fait perdre la commission, et qu'on l'avait en partant. Ces actes sont tous enregistrés, et l'on pourrait toujours vérifier, chez nous, qui nous sommes.

— Oui, pour *la Crisis*, mais non pour cette *Petite-Pauline*. Une commission n'est valable qu'à bord du bâtiment qui y est désigné.

— Je ne suis pas de votre avis, capitaine Marbre. Supposé que notre navire eût coulé bas dans une action où nous aurions capturé le bâtiment ennemi, ne pourrions-nous pas continuer notre voyage à bord de la prise, et combattre ensuite tout ce qui essaierait de nous barrer le chemin ?

— De par saint George, voilà qui me paraît raisonnable ! Je menaçais, tout à l'heure, de me faire pirate, et voilà maintenant que j'hésite à reprendre mon bien !

— Comment ? est-ce que les équipages de bâtiments capturés ne se soulèvent pas souvent contre leurs vainqueurs, et ne viennent pas à bout de reprendre leur navire ? A-t-on jamais songé à les traiter de pirates ?

— Miles, je me suis trompé. Vous êtes un bon marin, mais vous étiez né pour être avocat. Donnez-moi la main, mon garçon ; vous avez fait briller une lueur d'espoir à mes yeux : c'est assez pour m'aider à vivre.

Marbre me dit alors en substance la conversation qu'il avait eue avec le capitaine Le Compte ; celui-ci avait manifesté tout à coup une grande impatience de partir. Je n'eus pas de peine à en deviner la cause : il voulait emmener Emilie le plus vite possible.

Son intention était de mettre le schooner à l'eau dans l'après-midi pour nous le laisser, et d'appareiller lui-même le lendemain matin. Les Français remuaient ciel et terre pour que tout fût plus vite prêt.

J'avoue que ces nouvelles me causèrent quelque peine; j'avais eu tant de plaisir à retrouver les Mertons dans cette île déserte! et j'allais de nouveau en être séparé! J'appris à Marbre la rencontre que je venais de faire, et je le conduisis à la tente où je le présentai à ses anciennes connaissances. Marbre prit le major par le bras pour faire une promenade avec lui sous les arbres, ce qui me procura encore une demi-heure de tête à tête avec Emilie.

Mais M. Le Compte ne tarda pas à reparaître, ce qui nous rappela au sentiment de notre situation réelle. Je dois dire que, malgré sa jalousie évidente, il nous témoigna les plus grands égards. Il eut ce tact de cacher ses sentiments; et, soit calcul de sa part, soit générosité, il témoigna une confiance beaucoup plus propre à lui concilier l'affection d'Emilie que tous les actes de rigueur. Il porta l'attention jusqu'à nous inviter tous à dîner, et il nous traita d'une manière vraiment royale : soupe à la tortue, champagne, les mets les plus délicats, tout nous fut prodigué; c'était un véritable repas d'aldermen.

A cinq heures, nous fûmes invités à assister à la mise à l'eau du schooner. Le champagne et le bordeau avaient mis Marbre en bonne humeur, et j'étais aussi assez en train. Emilie mit son chapeau, prit son parasol, comme si elle eût été chez elle, et, acceptant mon bras, elle se dirigea avec moi vers le chantier. J'avais insinué à Marbre que l'occasion pourrait se présenter de tomber sur les Français, pendant qu'ils seraient tous à regarder le schooner; mais M. Le Compte avait eut soin de mettre la moitié de son équipage à bord de *la Crisis*, et les batteries auraient balayé l'île dans toutes les directions.

Les ouvriers français s'étaient distingués dans la construction de *la Petite-Pauline*; non seulement c'était, par sa grandeur, un bâtiment sûr et commode; mais, ce qui était plus important pour nous, tout annonçait que ce serait un fin voilier. Je sus par la suite que c'était le capitaine Le Compte qui avait dirigé les travaux; en fait d'art, il réunissait la théorie à la pratique. Le bâtiment sur lequel les Mertons étaient venus à Bombay avait à bord le cuivre nécessaire pour une frégate construite en teck et une corvette, et ce cuivre avait été transporté à bord de *la Pauline* avant l'incendie de la prise. Profitant de cette circonstance, M. Le Compte en avait doublé son schooner, dont, du reste, toutes les parties avaient été soignées minutieusement.

Dès que tout le monde fut présent, M. Le Compte se plaça sur l'avant du schooner, puis faisant un profond salut à Emilie, comme pour lui demander la permission, il donna le signal.

On leva toutes les accores, on fit sauter la clef de l'arrière, et le petit esquif glissa dans l'eau si légèrement, qu'on ne put douter qu'il ne fût excellent voilier. Dès qu'il fut à flot, M. Le Compte lança une bouteille contre la barre du gouvernail, et cria d'une voix éclatante : « *Succès à la belle Emilie !* »

Je me tournai du côté de miss Merton, et je vis à sa rougeur qu'elle comprenait le français. A la manière dont elle pinça sa jolie petite lèvre, il était évident que le compliment n'était pas très goûté.

Quelques minutes après, le capitaine mit pied à terre, et, dans un discours étudié, il nous fit la remise du schooner. Nous ne devions pas, nous dit-il, nous regarder comme prisonniers, et il n'était nullement porté à s'enorgueillir de sa victoire.

— Nous nous séparerons bons amis, ajouta-t-il en finissant; mais si nous nous rencontrons jamais, et que nos deux républiques soient encore en guerre, chacun combattra alors pour son pavillon.

Cette phrase à effet termina dignement la cérémonie; aussitôt après, les Mertons s'embarquèrent dans le canot avec leurs domestiques. Je pris congé d'eux sur la plage, et je crus remarquer — peut-être fut-ce une illusion de ma vanité — qu'Emilie éprouvait quelque peine à partir.

Les Français eurent bientôt achevé leurs dernières dispositions. Quand le capitaine Le Compte prit congé de nous, je ne pus m'empêcher de le remercier de toutes ses attentions. Il avait certainement montré une grande générosité à notre égard, quoique je persiste à croire que la précipitation de son départ, qui nous fit hériter d'une foule d'objets qu'il n'eut pas le temps d'emporter, fut causée par son désir d'éloigner le plus vite possible Emilie Merton de mes yeux.

Le lendemain, au point du jour, Neb vint à la tente des officiers dire que *la Crisis* était en train de lever l'ancre. Je fus levé et habillé en un instant. Nous étions à un mille de la passe, et j'arrivai au moment où le navire en sortait sous ses huniers. Emilie et son père étaient debout sur le gaillard d'arrière ; ils étaient assez près de moi pour que je pusse distinguer leurs traits, et je crus lire dans les yeux de miss Merton l'expression d'un tendre intérêt. L'instant d'après, *la Crisis* cinglait en pleine mer, toutes voiles déployées.

CHAPITRE XVI

Je prends ma revanche

A moitié chemin entre la passe et le chantier, je trouvai Marbre debout, les bras croisés, regardant le bâtiment qui s'éloignait. L'abattement avait fait place sur son front à la fierté. Il menaçait du poing le pavillon français, qui avait remplacé le nôtre.

— Oui, oui, s'écria-t-il, dandine-toi et donne-toi des grâces, comme ces fats de ta nation avec leurs ailes de pigeon ; mais dans deux mois où seras-tu ?

— Je vois que nos hommes sont déjà à l'ouvrage, capitaine, dis-je pour appeler son attention sur quelqu'autre objet.

— Oui, oui, Talcott a ses instructions, et je compte que vous allez aussi vous évertuer. Ce Français m'a jeté à la figure que nous pourrions être en mer dans quinze jours ; je veux lui montrer qu'il ne faut que trois jours à de vrais Yankees pour équiper son schooner.

Marbre ne se borna pas aux paroles. Il mit tout le monde à la besogne, et cela avec un ordre, un ensemble, une précision admirables. Nos hommes d'équipage se connaissaient depuis longtemps; ils avaient appris leur métier par une rude expérience, et ils étaient admirablement disciplinés. Pendant qu'on dressait le grand mât, je faisais gréer le mât de misaine, mettre le bâton de foc en place, ainsi que la vergue de civadière, et établir les basses vergues. Le soir, *l'Emilie* avait toute l'apparence d'un bâtiment qui va appareiller et tout s'était fait en silence.

Marbre et moi nous passâmes la soirée à examiner l'aspect des choses, ou, comme il le dit, à généraliser sur l'avenir. M. Le Compte, et il n'avait fait en cela que son devoir, ne nous avait laissé ni poudre à canon, ni piques d'abordage, ni coutelas, ni armes d'aucune sorte, excepté des pistolets d'officiers, et une petite provision de poudre et de balles pour ces pistolets; car, par esprit de corps, il ne voulait pas que nous fussions à la discrétion de notre équipage, et il nous laissait les moyens de le mettre à la raison, sans nous fournir des armes contre ses compatriotes.

Le lendemain j'étais levé avec l'aurore; et comme la veille j'avais beaucoup souffert de la chaleur, j'allai me baigner dans le bassin. L'eau était transparente, et à l'endroit que j'avais choisi il y avait un banc de corail à quelques toises seulement de la surface. En plongeant, mes yeux tombèrent sur un groupe de grosses huîtres qui étaient amoncelées sur le roc, et je réussis à en détacher une douzaine qui tenaient ensemble. Je continuai à plonger pendant un quart d'heure, et je réussis à retirer successivement tout ce qu'il y avait d'huîtres, au nombre de soixante à quatre-vingts, et à les déposer sur le rivage.

Je reconnus aussitôt que c'étaient des huîtres perlières, et j'appelai Neb pour qu'il les mît dans un panier et les serrât soigneusement. Cette circonstance fut mentionnée à Marbre, qui, n'ayant plus de gros ouvrages à leur faire faire, envoya dans un canot les plongeurs qu'il avait pris aux îles Sandwich, pour qu'ils se livrassent pendant quelques heures à leur occupation régulière, pour le compte des armateurs, si toutefois ils avaient encore aucun droit à nos services.

Ils eurent assez de succès, sans être de beaucoup aussi heureux que moi. Ce qui pour le moment était bien plus important, ils découvrirent au fond du bassin, à l'ancrage de *la Crisis*, un coffre à armes, qui sans doute y avait été jeté par les Français. C'était un des coffres à armes de *la Crisis*, que les Français avaient dédaigné, préférant se servir des armes auxquelles ils étaient habitués. Ils auraient mieux fait de l'emporter avec eux pour le jeter en pleine mer, par cinquante ou cent brasses d'eau.

Ce coffre contenait nos pistolets et nos coutelas, et il y en avait assez pour armer tous nos hommes. Il y avait aussi de la poudre et des balles; mais la poudre avait été endommagée par l'eau. Quant aux armes, elles furent frottées avec soin, huilées, puis exposées au soleil pendant un jour. Ainsi, ce fut par l'intermédiaire d'hommes que nous avions amenés dans un tout autre but, que nous fûmes mis en possession des moyens d'accomplir l'exploit qui semblait être alors le grand mobile de notre existence.

Nous achevâmes ce jour-là l'arrimage du schooner. Il nous fallut laisser beaucoup d'objets précieux, et notamment le cuivre; mais Marbre, prudemment, ne voulut prendre que ce qu'il fallait pour lester le bâtiment sans le surcharger. Les voiles étaient enverguées, l'ancre était au bossoir; et au moment où on s'y attendait le moins, Marbre donna le signal du départ.

Le vent était favorable, et nous ne lui eûmes pas plutôt présenté notre plus grande voile et notre foc, que le léger esquif glissa sur l'eau comme un canard. Dès que Marbre se sentit au large, il vira deux fois comme pour éprouver son embarcation, et il fut ravi de la promptitude avec laquelle elle obéissait à la barre. Trente-six heures après le départ de *la Crisis*, nous étions déjà à sa poursuite. Nous n'avions pour nous guider que nos conjectures, à l'exception de ce fait principal, qu'elle se dirigeait vers la côte occidentale de l'Amérique du Sud, mais nous n'avions pas manqué d'observer qu'elle avait disparu orientée au plus près, et faisant route au nord-est. Nous la suivîmes, autant que possible, dans ses eaux.

La distance qui fut parcourue pendant la nuit nous convainquit que M. Le Comte était un constructeur très-habile. En douze heures, nous avions fait cent six milles avec une mer assez forte, c'est-à-dire dix ou quinze fois plus que *la Crisis* n'aurait fait dans le même espace de temps et dans les mêmes circonstances. Marbre fut si content de ce résultat, que le lendemain matin, en arrivant sur le pont, il n'eut rien de plus pressé que de se faire apporter une bouteille de rhum et d'appeler tout l'équipage. Dès qu'on fut réuni sur le gaillard d'avant, Marbre se plaça en tête et tint ce discours :

— Compagnons, s'écria-t-il, nous avons eu du bon et du mauvais pendant cette traversée ; et si nous généralisons, nous trouverons que le bon a presque toujours suivi le mauvais. Les sauvages, avec ce gueux d'Echalas à leur tête, ont assommé le pauvre capitaine Williams, l'ont jeté à la mer, et nous ont pris notre bâtiment ; voilà le mauvais ; puis nous avons eu le bonheur de le reprendre. Après quoi, nouvel accroc, les Français nous ont joué ce joli tour ; puis enfin, ils nous font la gracieuseté de nous laisser une embarcation qui rattrapera le bâtiment, et je n'ai pas besoin de vous dire ce qui en résultera. A présent, jamais je ne naviguerai, jamais je ne combattrai à bord d'un bâtiment qui porte un nom français. Le capitaine Le Compte a baptisé le schooner du nom de... monsieur Wallingford, voulez-vous bien dire le nom?

— *La Belle Emilie.*

— Je ne veux point de vos belles, s'écria Marbre en lançant la bouteille au nez du schooner; ainsi donc trois hourras pour *la Polly*, puisque c'était le nom qu'il devait porter d'abord ; et ce sera le nom qu'il portera, tant que Moïse Marbre le commandera.

Depuis ce moment le schooner ne fut appelé que *la Polly*. Pendant toute cette journée, nous ne fûmes occupés que des moyens d'accélérer sa marche, et nous réussîmes si bien que, d'après nos calculs, nous filions un nœud de plus par heure que *la Crisis*, toute fine voilière qu'elle était. Comme *la Crisis* avait sur nous une avance de trente-huit heures, et qu'elle filait à peu près sept nœuds par heure, il nous faudrait environ dix jours pour la rejoindre, ce qui ne pouvait arriver par conséquent que lorsque nous serions au moins à dix-huit cent milles de l'île.

Quant à moi, je ne désirais nullement que la rencontre eût lieu en pleine mer. Nous n'avions d'espoir de succès que dans une surprise, en suivant *la Crisis* dans quelque port ; car, attaquer un bâtiment de cette force, c'était de la part d'un schooner qui n'était pas armé, une entreprise plus que téméraire. Mais Marbre n'en voulait pas démordre. Nous avions, disait-il, plus de poudre qu'il n'en fallait pour charger au moins six fois tous nos pistolets, et dès qu'on en viendrait à l'abordage, nous les aurions bientôt mis à la raison. Je gardai le silence, par respect plus que par conviction.

Cinq jours après notre départ, Neb vint me dire :

— Maître Miles, les huîtres devenir toutes drôles, avoir une odeur singulière ; et les gens de l'équipage jurer eux jeter elles à la mer, si moi ne pas manger elles. Moi n'avoir pas assez faim pour cela.

C'étaient les huîtres de perles, qui, étant renfermées, commençaient à se décomposer. Comme le capitaine avait autant d'intérêt que moi à la conservation de cette partie de la cargaison, il fit apporter les sacs et les barils sur le pont. Il était temps de s'en occuper, car une maladie aurait pu se déclarer à bord.

Les sept premières huîtres que j'examinai ne contenaient que de la semence de perles et en petite quantité. Neb ouvrait, et je faisais la visite. Cette occupation était si peu de mon goût que j'étais sur le point de laisser tout là, quand Neb m'en présenta encore une. Cette huître contenait sept perles de toute beauté, parfaitement unies, et toutes de la grosseur d'un pois. Je les plongeai dans un verre d'eau fraîche d'où je les retirai étincelantes. Elles étaient de ce qu'on appelle la première eau. Dès que ma bonne fortune fut connue, tous les pêcheurs de perles se réunirent autour de moi, Marbre en tête. Il avait le nez rempli d'étoupe, et dans la bouche une chique aussi grosse qu'une pomme de terre.

— Par saint George, Miles, voilà une trouvaille! s'écria-t-il en se remettant à l'œuvre avec une nouvelle ardeur. Que pensez-vous que puissent valoir ces neuf *bêtises?*

— Mais une cinquantaine de dollars environ. Les perles de cette dimension sont rares, et nos dames n'en portent pas souvent d'aussi grosses.

Ma neuvième huître produisit onze perles, toutes de la même qualité que les premières. En quelques minutes, j'en avais soixante-treize, sans compter une assez bonne quantité de semence de perles. Puis se succédèrent une douzaine d'écailles vides; puis les trois qui suivirent avaient trente-trois perles; une autre n'en avait que quatre, mais de la grosseur d'une cerise. Enfin j'en réunis en tout cent quatre-vingt-sept, qui pouvaient valoir dix-huit cents dollars.

Marbre fut moins heureux; malgré l'abondance de sa pêche, il ne put réunir que trente-six perles;

aussi renonça-t-il au métier, et jamais il n'en reparla. Mon petit trésor fut mis soigneusement de côté, jusqu'au moment où je pourrais le partager entre certaines personnes de ma connaissance. Quant aux gens de l'équipage, ils furent charmés d'être débarrassés d'une compagnie aussi fétide.

Cependant *la Polly* poursuivait rapidement sa route à travers la mer Pacifique. Nous faisions généralement de cent cinquante à deux cents milles en vingt-quatre heures, et il en fut de même pendant les dix premiers jours. Dans la matinée du onzième jour, la vigie qui avait été placée sur la vergue du petit hunier cria : « Une voile! »

Comme on ne voyait rien du pont, Marbre et moi nous fûmes bientôt montés à la vergue. A une distance de quinze ou vingt milles, par notre hanche du vent, on voyait les perroquets et les cacatois d'un navire. Comme nous étions alors sur la route des bâtiments baleiniers, qui étaient en grand nombre dans cette partie de la mer Pacifique, je regardai comme probable que c'en était un, mais Marbre se moqua de moi et affirma que c'était *la Crisis*.

La Polly gouverna alors au plus près, et nous arrivâmes assez près du bâtiment que nous chassions pour le voir du pont ; mais le vent faiblissait de plus en plus depuis quelques heures, tout annonçait l'approche d'un calme plat. Pour profiter du temps que nous avions, Marbre se détermina à virer de bord, au moment où nous relevions le bâtiment chassé par notre bossoir du vent. Une heure après, nous aperçûmes quelque chose : c'était un canot de bâtiment baleinier en dérive. Il était de construction américaine, avait un baril d'eau, des avirons et tout l'attirail ordinaire ; et le cablot s'étant détaché, il s'était probablement perdu la nuit pendant qu'il était à la remorque.

Dès que Marbre eut bien constaté la nature du canot, il conçut son plan d'opération. Les quatre plongeurs qu'il avait pris aux îles Sandwich avaient servi à bord de bâtiments baleiniers, il les fit passer dans le canot, y fit porter du rhum et quelques provisions, me donna ses instructions, puis y monta lui-même, avançant à raison de cinq nœuds par heure, tandis que le schooner suivait à raison de deux nœuds. C'était une heure environ avant le coucher du soleil ; et lorsqu'il disparut de l'horizon, le canot n'était plus qu'un point imperceptible sur l'Océan, à mi-chemin entre nous et le bâtiment, qui pouvait être alors à quinze milles de distance, toujours dans la même direction.

Mes instructions étaient bien simples. C'était de suivre la même route, tant que je ne verrais pas une lumière au canot, et alors de virer vent devant de manière à courir parallèlement au navire. Marbre donna le signal vers neuf heures, de manière à ce que du bâtiment on ne pût voir la lumière; le schooner répondit aussitôt, mais ne laissa la lumière que pendant quelques secondes, la disposition de celle du canot indiquant assez que notre réponse avait été reçue. Je virai immédiatement, carguai la misaine, et suivis la route indiquée. Nous avions tous prévu un changement de temps. Mais Marbre, loin de s'en effrayer, appelait une bourrasque de tous ses vœux, puisque c'était au moment de sa plus grande violence qu'il voulait aborder *la Crisis*.

A dix heures, la tempête éclata avec une violence toute tropicale. Nous ne l'attendions pas si tôt, et nous pensions que le canot nous aurait rejoints avant qu'elle se déclarât. La première bouffée de vent jeta le schooner sur le côté, de manière à nous prouver que les éléments ne plaisantaient pas. Je ne pus garder que la misaine avec tous ses ris pris, et encore y avait-il des moments où le schooner était lancé sur le sommet des vagues, comme s'il allait voler hors de l'eau. Ma grande inquiétude était pour le canot que je ne voyais plus. Marbre, dans ses instructions, n'avait pas prévu le cas de tempête, et nous étions séparés. Je dus croire naturellement que le canot chercherait à nous rejoindre, et tous mes efforts tendirent à ne pas trop nous éloigner.

du point où son équipage nous avait vus pour la dernière fois. La pluie tombait par torrents, et nous avions beau avoir allumé des fanaux, un feu de joie même n'aurait pas été vu à cent verges de distance.

Jamais je n'ai passé de nuit plus affreuse. J'étais attaché à Marbre. Tout dur, tout peu aimable qu'il pût être quelquefois pour les autres, il s'était montré constamment mon ami. Marin jusqu'à la moelle des os, navigateur par instinct, il était brave comme un lion et il serait mort pour défendre son pavillon. C'était par suite d'une susceptibilité excessive, d'un zèle outré pour les intérêts de ses armateurs qu'il s'était mis dans une position aussi critique. Je puis dire sans exagération que j'aurais voulu pouvoir changer de place avec lui.

La tempête dura toute la nuit, et les vents ne cessèrent pas de hurler autour de nous une sorte de *Requiem* pour les morts. Enfin, au lever du jour, les flots se calmèrent, nous retrouvâmes les vents alisés, et le schooner put déployer toutes ses voiles. De tous côtés nos regards avides cherchaient le canot; ce fut inutilement. Le navire lui-même avait disparu.

Ma position était aussi nouvelle pour moi qu'embarrassante. Il n'y avait guère plus d'un an que j'étais parti de New-York, troisième officier de *la Crisis*. Depuis lors, je m'étais élevé régulièrement au rang de premier lieutenant. Et maintenant, par suite d'une cruelle catastrophe, je me trouvais au milieu de l'Océan, seul responsable de la vie d'une quarantaine de mes semblables. Et je n'avais pas encore vingt ans!

Le projet de Marbre d'attaquer *la Crisis* en avait semblé chimérique et impraticable en pleine mer, mais sur la côte, j'avais toujours cru le succès possible. Et puis Émilie et son père, l'honneur du pavillon, la gloire que je pouvais acquérir personnellement, eurent aussi leur part d'influence. Toute la journée nous [illegible] en croisière; il n'y avait plus d'espoir de retrouver le canot; je résolus donc de nous remettre en route.

Le lecteur peut avoir quelque désir de savoir de quelle manière ma nouvelle dignité fut acceptée par l'équipage. Jamais commandant ne se vit plus ponctuellement obéi. J'avais fait mes preuves à leurs yeux, et ils avaient en moi plus de confiance que je n'en méritais; on eût dit que je les avais commandés toujours. Marbre fut regretté plus encore que le capitaine [illegible]. Malgré sa rudesse, il avait de ces qualités qui plaisent aux matelots.

Quinze jours après la perte du canot, nous aperçûmes les pics des Andes, à très peu de [illegible] au sud de l'équateur. D'après quelques [illegible] que j'avais entendus, l'intention du [illegible] avait dû être de gouverner vers Guayaquil ou ses environs ; je résolus de ranger la côte vers ce point. Nous étions entrés, lors de notre premier voyage, dans plusieurs des baies et des rades de cette partie de la côte, qui nous étaient à présent familières ; j'avais fait aussi des connaissances qui ne pouvaient manquer de nous être utiles, et tout semblait devoir favoriser notre atterrage.

Dans la soirée du vingt-neuvième jour depuis notre départ de l'île, le schooner entra dans une rade ouverte, où, huit mois auparavant, nous avions fait un trafic assez considérable, et où j'espérais que nous serions reconnus. Je ne m'étais pas trompé. A peine avions-nous jeté l'ancre, qu'un Don Pedro... etc., etc. — car il avait une kyrielle étonnante de noms — vint à nous dans un canot, pour reconnaître qui nous étions et ce que nous voulions. Je reconnus l'homme du premier coup d'œil, car je lui avais déjà vendu des marchandises.

Quelques mots, moitié anglais, moitié espagnols, nous suffirent pour renouer connaissance ; je lui fis entendre que j'étais à la recherche de mon bâtiment, dont j'avais été séparé pour raisons de service. Après avoir longtemps tourné autour de moi pour découvrir ce qui en était, il finit par m'apprendre qu'un bâtiment s'était abrité dans l'après-midi même derrière une île qui n'était qu'à dix milles de distance au sud ;

qu'il l'avait vu, et qu'il aurait supposé que c'était son ancienne connaissance, *la Crisis*, sans le pavillon français qui flottait à la corne.

Ces renseignements me suffisaient, et je m'informai d'un pilote. Un des bateliers offrit de m'en servir. Comme je craignais qu'on n'eût de mes nouvelles à bord de *la Crisis* par quelque moyen semblable à celui que j'avais employé, je ne perdis pas de temps, et à dix heures nous faisions route. A minuit, j'entrais dans la passe qui séparait l'île du continent. Je montai alors dans un canot pour faire une reconnaissance. Je trouvai *la Crisis* à l'ancre sous un promontoire élevé.

Tout y semblait tranquille; mais je savais qu'un bâtiment qui avait toujours à craindre les gardes-côtes, et dont le salut dépendait de la rapidité de ses mouvements, devait faire bonne garde. J'examinai donc avec le plus grand soin et en prenant toutes les précautions possibles la position du bâtiment; je montai sur le promontoire, et ce ne fut qu'après avoir complété mes observations que je retournai à bord du schooner, vers deux heures du matin.

Il me fallut peu de temps pour le rejoindre. Mon équipage impatient n'avait pu tenir en place, et le schooner était déjà près du promontoire, tous les hommes sur le pont et les armes à la main. Telle était leur impatience, que j'eus quelque peine à les empêcher de pousser des hourras! Cependant ils gardèrent le silence, et je leur donnai mes instructions en peu de mots. Mon plan était d'aborder le bâtiment par le bossoir de tribord, et de faire le moins de bruit possible.

Quand tout fut prêt, je me plaçai à l'arrière auprès du timonier, et je lui dis de mettre la barre au vent. Neb se plaça derrière moi. Je savais que les observations seraient inutiles; je le laissai faire. Le pilote m'avait dit que l'eau était profonde jusqu'à la base même des rochers; je rangeai donc la côte de très près en doublant la pointe. L'instant d'après, *la Crisis* était en vue, à moins de cent brasses de distance. Je vis que nous faisions bonne route, et je fis carguer la misaine. En même temps, je me portai à l'avant.

Nous étions si près que le bruit que faisait la toile en fouettant les mâts fut entendu de *la Crisis*, et l'on nous héla. Une réponse insignifiante fut faite, puis nos bossoirs vinrent heurter ceux de *la Crisis*.

— Hourra! pour notre vieux bâtiment! crièrent nos matelots.

Et ils s'élancèrent à l'abordage. On eût dit une meute ardente s'élançant sur sa proie.

La scène qui suivit fut une scène de confusion et de désordre. Des coups de pistolets furent échangés, mais la surprise nous assura la victoire. En moins de trois minutes, Talcott vint m'annoncer que nous étions maîtres du pont, et que les Français demandaient quartier. Leur première idée fut qu'ils avaient été saisis par un bâtiment garde-côte, car ils nous avaient quittés bien convaincus que c'était vers Canton que nous allions nous diriger. Grand fut leur étonnement quand ils apprirent la vérité.

Harris, le matelot qui avait été cause de tout le mal en s'endormant pendant son quart, fut tué ; et neuf des nôtres, moi compris, reçurent de légères blessures ; trois tout au plus durent interrompre leur service pendant quelques jours. Quant au pauvre diable qui succomba, il dut sa mort au besoin qu'il éprouvait de faire oublier sa faute en s'exposant le premier aux coups de l'ennemi.

Les Français furent plus maltraités. Seize périrent sur la place ou des suites de leurs blessures ; nos hommes ayant fait une décharge meurtrière sur le premier groupe qui se précipita sur le pont, et s'étant servis ensuite de leurs coutelas, pendant une minute ou deux, avec un grand acharnement. C'était d'après le principe que le premier coup porté décide du combat. Le pauvre M. Le Compte fut trouvé mort à la porte de sa chambre ; il avait reçu une balle dans le front.

CHAPITRE XVII

Marbre retrouvé

Si Marbre avait été avec nous quand je repris possession de *la Crisis*, rien n'aurait manqué à mon bonheur ; mais son absence était une cause d'inquiétude et de regret qui se mêlait à notre triomphe.

J'eus le soir même un moment d'entretien avec le major Merton, pour le tranquilliser, car Emilie, en entendant le bruit du combat, avait éprouvé de vives alarmes ; mais lorsqu'elle apprit que tout était terminé, et de quelle manière, ses craintes s'évanouirent pour faire place à la satisfaction d'avoir recouvré sa liberté.

Je ne tardai pas à lever l'ancre et à gagner le large. Il était nécessaire de dérober nos mouvements le plus possible, pour échapper à certaines questions embarrassantes qui auraient pu venir du gouvernement espagnol au sujet de la violation d'un territoire neutre. Une observation du major Merton me mit sur mes gardes, et je résolus de disparaître aussi rapidement que j'étais arrivé, afin de faire perdre mes traces. Au point du jour, le schooner et *la Crisis* étaient déjà à quatre lieues de la terre.

Au lever du soleil, nous ensevelîmes les morts. Cette cérémonie fut faite avec la solennité ordinaire ; la joie de la victoire ne pouvait étouffer les tristes réflexions qui calment si vite l'enthousiasme le plus ardent. Je plaignais le pauvre Le Compte. Ses procédés généreux à notre égard, son amour respectueux pour Emilie, la délicatesse de ses sentiments, se représentaient vivement à mon souvenir. Je ne l'avais connu qu'un mois ; mais que ce mois avait renfermé pour moi d'événements importants !

Il restait à décider ce que nous ferions à présent. *La Crisis* avait la même cargaison qu'au moment où les Français l'avaient prise, augmentée seulement des marchandises dont ils se proposaient de trafiquer sur la côte de l'Amérique du Sud. C'étaient des soieries et divers articles de fantaisie, avec un peu de vin, et elles seraient chez nous d'une défaite presque aussi facile que dans l'Amérique espagnole. J'avais une aversion prononcée pour la contrebande, et puisque le bâtiment avait rempli ses instructions primitives sur ce point, je ne voyais pas la nécessité de continuer davantage ce triste métier. Retourner à l'île où les Français avaient laissé sous une tente des objets de prix, tels que le plomb qu'ils n'avaient pas employé, et divers ballots apportés par le navire venant de Bombay, c'était assurer aux armateurs de *la Crisis* un profit plus considérable que tout ce que pourrait produire un commerce illicite sur la côte.

Pendant que je discutais cette question avec Talcott et le nouveau premier lieutenant, le cri de : « une voile ! » se fit entendre. Un grand navire venait de sortir tout à coup des brouillards du matin, à un mille de distance ; et dans le premier moment, je crus que j'étais tombé sous les batteries d'un vaisseau de guerre espagnol. Un regard plus attentif nous convainquit que, quoique fortement armé, ce n'était qu'un de ces lourds bâtiments de commerce qui faisaient périodiquement la traversée entre l'Espagne et ses colonies. Nous fîmes vivement branle-bas, chacun courut à son poste, et je ne fis aucun effort pour éviter les nouveaux venus.

Les Espagnols semblaient plus inquiets que nous ; leur pays était alors en guerre avec l'Angleterre. Dès qu'ils virent le pavillon américain, ils témoignèrent le désir de communiquer avec moi. Ne me souciant pas de les recevoir à bord, j'offris d'aller rendre visite à leur commandant. Il me reçut avec le cérémonial ordinaire, et après quelques phrases insignifiantes, il me remit entre les mains quelques journaux américains où se trouvait le traité de paix entre les Etats-Unis et la France.

Dans le cours de la conversation, j'appris du capitaine espagnol que la petite vérole avait fait de grands ravages dans son équipage, et qu'il comptait toucher à Valparaiso pour le compléter. Il ne se croirait pas à l'abri des croiseurs anglais, disait-il, si avant de doubler le cap il n'avait réuni sur son bord des forces imposantes. Je saisis cette idée, et je lui demandai si des Français ne feraient pas son affaire. La France et l'Espagne avaient le même ennemi, et rien ne serait plus facile que de renvoyer les Français de Cadix à Marseille. L'arrangement fut conclu à l'instant même.

De retour sur mon bord, je rassemblai les prisonniers; je leur fis connaître la proposition du capitaine espagnol, en leur apprenant que la paix était conclue entre nos deux pays, et que c'était pour eux une excellente occasion de retourner en France. Ils acceptèrent avec joie; tout est préférable à la captivité.

Les Français, en partant, eurent la permission d'emporter tous leurs effets. Les deux navires firent alors voile chacun de son côté, les Espagnols vers la côte, et nous vers notre île. Je me sentais déchargé d'un grand fardeau, et je pus m'occuper d'autres soins. Je confiai le commandement de *la Polly* au second lieutenant, devenu le premier par mon avancement, en lui donnant deux matelots expérimentés pour officiers, avec six hommes d'équipage. De cette manière Talcott devint le premier lieutenant de *la Crisis*, et je fus ravi de pouvoir lui donner un grade dont il était digne à tous les égards.

Au coucher du soleil, je revis Emilie pour la première fois depuis le jour où elle était partie de la Terre de Marbre à bord de *la Crisis*. Notre entrevue participa du caractère de notre situation ; elle fut empreinte tout à la fois de douceur et d'amertume. Si je me réjouissais de ma victoire, je donnais des larmes à Marbre, et même à nos ennemis, tandis que le major et sa fille ne pouvaient oublier toutes les circonstances pénibles de leur position.

— En vérité, dit Emilie en regardant affectueusement son père, nous sommes un peu comme le tombeau de Mahomet, suspendus entre le ciel et la terre, entre les Indes et l'Amérique, sans trop savoir où nous poserons le pied.

— Vous avez raison, ma chère enfant... Mais, Wallingford, qu'est devenu le capitaine Marbre au milieu de tous ces grands événements ? Vous ne l'avez pas laissé, comme Sancho Pança, pour gouverner Barataria, pendant que vous veniez reprendre son bâtiment ?

Je lui racontai alors la manière dont notre vieil ami avait disparu.

Je ne dois point passer sous silence une galanterie du capitaine Le Compte. En revenant de la

Terre de Marbre, il avait employé ses ouvriers à élever une dunette sur le gaillard d'arrière de *la Crisis*, et l'ouvrage venait d'être terminé. Il y avait un très joli salon bien aéré, avec deux chambres communiquant entre elles par de légères galeries. On reconnaissait le goût français à l'élégance de l'ameublement. Emilie et son père devaient prendre possession de ce petit appartement le jour même.

J'étais étonné que M. Le Compte, qui pouvait avoir à lutter contre la marine la plus formidable du monde, eût fait une construction qui pouvait entraver sensiblement la marche du bâtiment. Comme marin, je ne l'aurais pas ordonnée; mais maintenant qu'on était en paix, je me décidai à la laisser subsister, du moins tant que miss Merton resterait à bord.

Le soir même, j'installai le major dans une des chambres et sa fille dans l'autre. Imitant les prévenances du pauvre Le Compte, je les fis servir à part, quoique la plupart du temps je fusse invité à prendre mes repas avec eux. Le major, qui s'entendait un peu en chirurgie, voulut soigner lui-même la blessure que j'avais reçue à l'épaule, pendant qu'Emilie avait pour moi ces mille attentions délicates dont son sexe a seul le secret. En moins de quinze jours, ma blessure était guérie; mais Emilie avait encore une foule de soins à me recommander, d'avis à me donner;

on eût dit que la convalescence ne devait jamais finir.

Quant à la traversée, elle fut telle qu'on peut s'y attendre, avec les vents alisés de la mer Pacifique. Le bâtiment eut ses bonnettes dehors presque tout le temps, et nous faisions régulièrement de cent à deux cents milles dans les vingt-quatre heures. Les lieutenants étaient chargés des quarts, et je n'avais guère autre chose à faire qu'à causer avec le major et sa fille dans le joli salon que Le Compte nous avait préparé; à écouter le piano d'Emilie, qui avait été transféré de la prise, et ensuite sauvé du naufrage; ou bien à faire une lecture à haute voix dans quelques-uns des deux ou trois cents volumes joliment reliés, qui composaient sa bibliothèque.

Dans une pareille société, le temps ne pouvait paraître long à un jeune marin qui n'avait pas lieu d'être mécontent de son début dans la carrière. Je ne puis dire que je fusse amoureux, quoique l'image d'Emilie, quand elle n'était pas devant mes yeux, me poursuivît souvent jusque dans mes rêves. Je me surprenais aussi parfois à établir des comparaisons entre elle et Lucie, sans trop savoir pourquoi.

La fille de M. Hardinge avait un fonds de connaissances solides, pratiques, qu'Emilie ne possédait pas, et elle avait un sens moral encore plus délicat ; mais sous le rapport des talents de convention, pour tout ce qui se rapportait au monde, à ses usages, à cette finesse de sentiments et de manières qu'il peut seul donner, celle-ci avait l'avantage.

Pour la beauté, tantôt je donnais la palme à Emilie, tantôt, quand mes souvenirs me reportaient à Clawbonny, au moment surtout de ma dernière visite, Lucie reprenait l'avantage. A ne considérer que le teint, les yeux, et peut-être aussi les dents, quoique celles de Lucie fussent blanches et égales, la jeune Anglaise l'emportait évidemment ; mais à voir le charmant sourire de l'Américaine, la coupe de sa figure, son pied, sa main, toute sa personne en un mot, neuf juges sur dix lui auraient donné la préférence.

Je ne pousserai pas plus loin la comparaison pour le moment, et je ne dirai rien du caractère. Ce n'est pas à vingt ans qu'on est encore un juge très compétent dans une matière aussi grave, et la suite des événements suppléera à mon silence.

Il y avait quinze jours que nous étions en mer, quand venant à parler de la pêche des perles, je me rappelai mon trésor. Un bâtiment qui a un nombreux équipage est une espèce de *Capharnaüm* où presque tous les métiers se trouvent représentés. Nous avions à bord de *la Crisis* un orfèvre. Cet homme m'avait offert de percer mes perles et de les enfiler, ce que j'avais accepté. Il avait mis la plus grosse au milieu, et, entremêlant les autres suivant leur grosseur, il en avait fait un charmant collier auquel il avait mis un fermoir convenable, et qui était assez grand pour se jouer gracieusement autour du cou d'une femme.

Quand je montrai ce beau bijou, qui eût pu faire envie à une reine, Emilie ne put retenir un mouvement d'admiration ; le major le prit dans ses mains et l'examina avec attention. Le lecteur jugera de ma surprise quand je l'entendis s'écrier :

— Ce collier se vendrait à Londres mille livres sterling.

— Mille livres sterling, mon père ! dit Émilie.

— Je le crois ; ce n'est pas tant la grosseur des perles que je considère, quoique celles-ci soient remarquables, même sous ce rapport ; c'est leur couleur, leur transparence, leur *eau*, comme on dit.

— Je croyais que ce mot ne s'appliquait qu'aux diamants, dit Emilie avec un intérêt que j'aurais voulu qu'elle n'eût pas montré.

— Il s'applique aussi aux perles, mon enfant. Celles-ci sont de la première eau, ce sont les plus estimées en Europe... Oui, Wallingford, si vous envoyiez ce collier à Londres, je suis sûr que vous en retireriez de six à huit cents livres sterling pour le moins.

— Je ne le vendrai jamais, monsieur, à moins d'y être absolument forcé.

— Jamais ! répéta le major pendant qu'Emilie me regardait avec une attention que je ne pouvais m'expliquer. Et, de par Neptune, que ferez-vous d'un pareil ornement, vous ?

— Je le garderai ; il est bien à moi ; c'est de mes propres mains que je l'ai retiré du sein de la mer, que j'ai détaché les perles de leur enveloppe première, et jamais bijou acheté à prix d'argent ne pourrait avoir la même valeur à mes yeux.

— Savez-vous que ce sera une fantaisie assez coûteuse. Voyons, combien a-t-on de son argent, dans votre partie du monde, Wallingford ?

— Six pour cent, à New-York, monsieur, sur bonne hypothèque.

— Et savez-vous ce que mille livres sterling, converties en dollars, rapporteraient à ce taux, Miles ? Calculez, et vous verrez si ce n'est pas payer cher le plaisir de pouvoir dire qu'on a un collier de perles dont on ne peut rien faire.

— Mais j'en ferai quelque chose, monsieur ; j'ai une sœur, je puis le lui donner ; ou bien, si je me marie, je le donnerai certainement à ma femme.

Emilie continuait à tenir le collier dans sa petite main potelée, qui rivalisait de blancheur avec les perles, et que le rapprochement faisait paraître encore plus jolie. Je me hasardai à la prier de mettre le collier à son cou, ses joues se couvrirent d'une légère rougeur, mais elle obéit.

— Ma foi, Emilie, s'écria le père enchanté, cette parure vous va si bien que je commence à revenir sur ce que j'ai dit; on n'a pas besoin d'être riche pour porter un si bel ornement.

Il est certain qu'il était impossible de voir rien de plus ravissant que miss Merton ainsi parée. La blancheur éblouissante de sa peau, les contours admirables de ses épaules, le vif éclat que le plaisir donnait à tous ses traits, ajoutaient beaucoup à la beauté du tableau. Il eût été difficile de dire qui gagnait le plus au rapprochement, du collier ou de la jeune fille, tant ils s'harmonisaient bien ensemble. Je ne pouvais me lasser de regarder Emilie; aussi cherchai-je à faire durer le plaisir, en la priant de porter le collier le reste de la journée. Emilie ne se fit pas beaucoup prier, et je ne saurais dire qui d'elle ou de moi, prit plus de plaisir à ce jeu; car s'il est agréable d'admirer, il ne l'est pas moins peut-être d'être admirée.

Quand je retournai le soir au salon, Emilie avait le collier à la main, ses yeux aussi limpides, aussi transparents que les perles elles-mêmes, étaient fixés sur le bijou. Je m'arrêtai un moment à la porte pour la contempler : jamais je ne l'avais vue si délicieusement belle.

— Serait-il possible, me dis-je, qu'elle pensât dans ce moment combien la femme de Miles Wallingford sera heureuse un jour? Suis-je pour quelque chose dans cet air pensif, ce regard fixe, cette expression qui indique à la fois le doute et le bonheur?

— J'allais vous envoyer chercher, capitaine Wallingford, dit Emilie dès qu'elle m'aperçut, avec une rougeur qui semblait venir à l'appui de mes conjectures, pour vous prier de reprendre votre trésor.

— Etait-ce une trop grande responsabilité que de le garder, ne fût-ce que pendant une nuit?

— Oui, vraiment; et puis, vous savez : c'est un honneur qui est réservé à mistress Wallingford.

Ces paroles furent dites en souriant et un avec air aimable et doux; mais pourtant de manière à laisser entrevoir une *équivoque*. Ce n'était point là la sensibilité profonde et naturelle de Grace, ni la franchise toute ronde de Lucie, et je ne pus m'empêcher de remarquer le contraste. Je pris le bracelet, je serrai la main du major, puis celle de la jeune fille, comme c'était mon usage toutes les fois que j'arrivais ou que je prenais congé d'elle, et je me retirai.

J'étais en train de m'habiller le lendemain matin, quand Neb accourut, les yeux tout écarquillés.

— Oh ! maître Miles ! maître ! s'écria-t-il dès qu'il put parler ; le canot ! le canot !

— Comment le canot ? Est-ce que quelqu'un est tombé à la mer ?

— Le canot baleinier... pauvre capitaine Marbre... le canot !

— Serait-il possible ! Neb, courez dire à l'officier de quart de mettre en panne dès qu'il le pourra ; je monte à l'instant.

Je pensai que la Providence nous avait enfin conduits sur les traces du malheureux canot baleinier, et que nous allions voir les restes mutilés de quelques-uns de nos anciens compagnons, du pauvre Marbre, sans doute, si j'avais bien compris Neb. Je fus bientôt habillé, et, en montant, j'entendis un mouvement extraordinaire qui prouvait que l'intérêt de nos matelots était excité au plus haut degré. Lorsque je mis le pied sur le pont, on venait de mettre le grand hunier sur le mât et de coiffer les voiles ; tout l'équipage était dans l'agitation, et il me fallut quelque temps pour en découvrir la cause.

La matinée était brumeuse, et d'abord la vue ne s'étendait pas à plus d'un mille autour du bâtiment. Mais peu à peu le soleil en se levant dissipa le brouillard, et la vigie aperçut le canot dont Neb m'avait parlé. Au lieu de le voir flotter à la merci des ondes, avec les restes de son malheureux équipage gisant au fond, comme je m'y attendais, quand je pus le distinguer pour la première fois, il n'était pas à un mille de distance, et venait droit à nous avec une rapidité qui prouvait que les bras ne manquaient pas aux avirons.

A cet instant la vigie cria : « une voile ! » et en effet un bâtiment nous restait à quatre ou cinq milles sous le vent. Il faisait de la voile pour rejoindre son canot, dont il avait été sans doute séparé par la nuit et par le brouillard. Ce n'était donc qu'un baleinier et son canot ; et en dirigeant une longue-vue sur tous les points de l'horizon, Talcott découvrit bientôt, à un mille au vent du canot, une baleine morte auprès de laquelle était un autre canot, attendant l'approche de son bâtiment qui, sans aucun doute, sur son prochain bord, devait le rejoindre.

— Je suppose qu'ils désirent nous parler, monsieur Talcott, dis-je alors. C'est sans doute un bâtiment américain. Le capitaine est dans le canot et désire nous charger de quelques lettres ou de quelques messages.

Tout à coup Talcott poussa un grand cri :

— Hourra ! camarades, s'écria-t-il, trois fois hourra ! je vois le capitaine Marbre dans ce canot aussi distinctement que le canot lui-même.

Ce furent alors des acclamations réitérées qui durent aller droit au cœur du pauvre Marbre. Trois minutes après, il était sur le pont de son vieux bâtiment. Il m'était impossible de dire une parole, et le pauvre Marbre était à peu près dans le même cas, quoiqu'il fût mieux préparé à l'entrevue.

— Je vous ai reconnu Miles, dit-il enfin, pendant que de grosses gouttes coulaient de ses yeux, je vous ai reconnu ainsi que l'infernale *Polly*, dès que le brouillard s'est levé. Voilà donc ma *Crisis* sous son ancien pavillon, et ces maudits Français ne pourront pas se pavaner chez eux à nos dépens ! Bien, mon garçon, très-bien ! je suis aussi content que si j'avais moi-même été vainqueur.

C'était toujours le même homme, vigoureux et bien portant. Ce fut dans tout l'équipage à qui lui serrerait le premier la main, à qui le féliciterait, et il se passa un grand quart d'heure avant qu'il lui fût possible de raconter ce qui lui était arrivé.

Quand enfin le silence fut un peu rétabli, il s'essuya les yeux et chercha à raffermir sa voix :

— Vous savez comment je vous ai quittés, mes amis, dit-il en commençant, et dans quelle intention. Ce fut une demi-heure avant la bourrasque que je vous vis pour la dernière fois. J'étais alors assez près du bâtiment pour reconnaître que c'était un baleinier ; et persuadé que je vous verrais le matin, je crus plus prudent de chercher à l'accoster, que de me mettre à la recherche du schooner dans l'obscurité. Je trouvai dans le capitaine un ancien camarade qui cherchait lui-même un canot qui avait été entraîné en dérive la nuit précédente. Quoique charmés de nous revoir, nous n'avions pas de temps à perdre en compliments, vous comprenez bien. Il courut des bordées, d'abord pour vous parler, et ensuite à cause de la rafale. Pendant que Wallingford serrait sans doute le vent pour me trouver, nous laissions arriver pour ménager notre mâture; et le lendemain, plus de schooner à aucun point de l'horizon. Comment nous sommes-nous perdus : c'est ce que je ne saurais dire ; car je n'irai pas croire que vous m'ayez laissé là de gaieté de cœur, au milieu de l'Océan.

— Nous sommes restés en croisière pendant toute la journée, sans nous éloigner de plus de cinq milles du point où nous nous étions séparés, m'écriai-je avec chaleur.

— Oui, oui, commandant, dirent ensemble tous les matelots, nous avons fait tout ce que des hommes pouvaient faire pour vous trouver.

— Je le sais ! vous n'aviez pas besoin de le dire ; je l'aurais juré. Eh bien, voilà toute l'histoire. Il fallait rester à bord du baleinier ou se jeter à la mer, il n'y avait pas d'autre alternative; et je suis d'autant plus charmé du parti que j'ai pris, que nous voilà de nouveau réunis, quoique à cent milles de l'endroit où nous nous étions séparés.

— Et voilà votre vieux navire, commandant, tel que vous l'avez quitté. Je suis heureux de pouvoir le remettre moi-même entre vos mains.

— Qui a mis là cette maudite dunette? Est-ce vous ou le Français, Miles?

— C'est le Français. Maintenant que la paix est conclue, il importe peu, et c'est un appartement très convenable pour le major et pour sa fille.

— Les voilà bien! ils gâtent le plus beau gaillard d'arrière qu'il y ait sur l'Océan, en y ajoutant cette superfluité!

— Mais à présent que vous voilà le maître, commandant, vous pourrez faire enlever tout cela dès que vous voudrez.

— Moi, faire enlever quelque chose! moi, reprendre le commandement du bâtiment à un homme qui l'a si bien gagné! Que je sois damné, si j'en fais rien!

— Commandant, vous m'étonnez. Vous cédez à une émotion passagère que votre bon sens, que votre devoir même à l'égard de vos armateurs vous feront bientôt surmonter.

— Vous vous trompez, Miles Wallingford, répondit Marbre solennellement. J'y ai pensé du premier moment que j'ai reconnu le bâtiment, et aussitôt mon parti a été pris. Leurs intérêts sont beaucoup mieux dans vos mains que dans les miennes. Vous avez de l'éducation, vous, et c'est la chose capitale, Miles. Pour ce qui est d'appareiller un navire, de l'arrimer, d'en prendre soin dans les gros temps, ou de trouver ma route à travers l'Océan, je suis votre homme, et j'entends ne le céder à personne ; mais quand il en faut venir aux chiffres et aux calculs, ce n'est plus ça.

— Vous m'affligez plus que je ne puis dire, monsieur Marbre ; nous avons été si longtemps ensemble...

— Nous n'étions pas ensemble à la reprise de ce bâtiment, mon garçon.

— Mais je n'ai fait qu'exécuter ce que, sans un accident, vous auriez fait vous-même.

— Je n'en sais rien. J'ai réfléchi mûrement à la chose, quand j'ai été un peu maître de moi ; et je crois que nous nous serions fait frotter si nous avions attaqué les Français en pleine mer. Votre plan valait beaucoup mieux, et vous l'avez exécuté de main de maître. Ecoutez, Miles : voici tout ce que je puis faire, et rien de plus. Vous retournez à notre île, à ce que j'apprends, pour y recueillir ce qu'on y a laissé, et de là vous appareillez pour Canton ?

— C'était mon projet, et je vois avec plaisir que vous semblez l'approuver.

— Arrivé là, remplissez le schooner de tout

ce qui ne sera pas utile à Canton, le cuivre, par exemple, les marchandises anglaises, que sais-je? je le conduirai à New-York, pendant que vous continuerez le voyage à bord de *la Crisis*, comme vous avez seul le droit de le faire.

J'eus beau employer tour à tour tous les arguments, Marbre fut inébranlable, et le soir même, il était à bord de *la Polly*, dont il avait pris le commandement.

Je n'ai qu'un mot à dire du bâtiment baleinier. Après quelques mots échangés, nous lui rendîmes son canot, et il nous quitta pour retourner à sa pêche, pendant que nous nous dirigions vers l'île. (1).

FIN

(1) On trouvera la suite des aventures des personnages de cette histoire dans le volume qui porte pour titre : À BORD ET À TERRE.

TABLE DES MATIÈRES

TOME PREMIER

TOME SECOND

Imprimerie du « Petit Troyen » G. ARBOUIN 126, rue Thiers, Troyes

COLLECTION A.-L. GUYOT

(Catalogue — Série L et M)

Série L. — Manuels utiles

LES CODES COMPLETS

Code civil .... 2 vol.
Code de procédure civile .... 1 vol.
Code de commerce .... 1 vol.
Code d'instruction criminelle .... 1 vol.
Code pénal .... 1 vol.
Code forestier. — Table analytique .... 1 vol.
Table (fin). — Lois constitutionnelles, organiques et électorales .... 1 vol.
Les Codes complets, broché .... 2 fr. »
— — relié .... 3 f. 50
G. DECRESPE. — *Electricité,* applications domestiques et industrielles, conseils pratiques, plans et devis .... 2 vol.
H. DE GRAFFIGNY. — Le jeune Électricien amateur .... 1 vol.
E. TRANCHANT. — Manuel du Photographe amateur .... 1 vol.
AUDRAN. — Traité de danse. — Cotillon .... 1 vol.
— Traité de politesse. — Les Usages et le Savoir-vivre .... 1 vol.
M. DECRESPE. — Le Petit Cycliste amateur .... 1 vol.
PIERRE DELOCHE. — Traité de pêche à la ligne .... 1 vol.
La Cuisinière des petits ménages .... 1 vol.
La Pâtissière des petits ménages .... 1 vol.
Les Boissons et Liqueurs économiques .... 1 vol.
Le petit Jardinier amateur .... 1 vol.

Série M. — Ouvrages amusants

A. MICKIEWICZ. — 100 Tours de cartes faciles .... 1 vol.
H. DE GRAFFIGNY. — 100 Expériences électriques .... 1 vol.
— 100 Expériences physiques .... 1 vol.
— 100 Expériences chimiques .... 1 vol.
J. DESLOIR. — L'art de tirer les Cartes .... 1 vol.
COMTE DE SAINT-GERMAIN. — L'Oracle du Destin .... 1 vol.
MERCURIUS. — Les Songes expliqués .... 2 vol.
J. DE RIOLS. — Le Langage des fleurs .... 1 vol.
E. THÉO. — Les silhouettes à la main (Ombres faciles) .... 1 vol.

Dans toutes les Librairies, Kiosques, Gares : 20 cent. le volume

On reçoit franco par la poste un volume spécimen et le catalogue contre 30 centimes en timbres-poste adressés à M. A.-L. GUYOT, éditeur, 12, rue Paul Lelong, Paris.

COLLECTION A.-L. GUYOT
(Catalogue — Série X, Y)

Série X. — Théâtre

MOLIÈRE (Œuvres complètes)

Tome I	La jalousie du Barbouillé. — Le Médecin volant. — L'Etourdi.	1 vol.
Tome II	Le Dépit amoureux. — Les Précieuses ridicules. — Le Cocu imaginaire.	1 vol.
Tome III	Don Garcie. — L'Ecole des Maris.	1 vol.
Tome IV	Les Fâcheux. — L'Ecole des Femmes	1 vol.
Tome V	La critique de l'Ecole des femmes. — L'Impromptu de Versailles. — Le Mariage forcé.	1 vol.
Tome VI	La Princesse d'Elide. — Don Juan.	1 vol.
Tome VII	L'Amour Médecin. — Le Misanthrope.	1 vol.
Tome VIII	Le Médecin malgré lui. — Le Sicilien	1 vol.
Tome IX	Le Tartufe.	1 vol.
Tome X	Amphytrion. — George Dandin.	1 vol.
Tome XI	L'Avare.	1 vol.
Tome XII	Monsieur de Pourceaugnac. — Les Amants magnifiques.	1 vol.
Tome XIII	Le Bourgeois gentilhomme.	1 vol.
Tome XIV	Psyché. — Les Fourberies de Scapin	1 vol.
Tome XV	La comtesse d'Escarbagnas. — Les Femmes savantes.	1 vol.
Tome XVI	Le malade imaginaire. — Poésies.	1 vol.

Série Y. — Poésies

LE GÉNÉRAL LAZARE CARNOT

Don Quichotte, poème héroï-comique et poésies. 1 vol.

Dans toutes les Librairies, Kiosques, Gares : 20 centimes le volume.

On reçoit franco par la poste un volume spécimen et le catalogue contre 30 centimes en timbres-poste adressés à M. A.-L. Guyot, éditeur, 12, rue Paul Lelong, Paris.

Conseils aux amateurs pour faire une collection de papillons. — Un vol. in-16 illustré de 27 fig. .... 1 fr.

Conseils pratiques aux amateurs d'Electricité, pour la fabrication économique des Piles, Sonneries, Accumulateurs, Allumoirs, Appareils de sûreté, 3ᵉ édit. — Une brochure illust. de 50 fig. 1 fr.

Le petit Electricien. Recueil des expériences que l'on peut exécuter avec les piles, bobines de Rhumkorff. — Lumière électrique, Allumoirs, Sonneries, Téléphones, Galvanoplastie. Avec 35 figures et plans de pose, 2ᵉ édition augmenté. — Un vol. in-16 broché.......................... 1 fr.

L'Art de fabriquer des ballons en papier. — Un vol. in-8°, 19 pl........................ 2 fr.

Manuel pratique pour la fabrication économique et rapide des liqueurs et des spiritueux sans distillation. — Un vol. in-16 br.... 1 fr. 25

Les Falsifications des denrées alimentaires. — Moyens simples et faciles pour les mettre soi-même en évidence permettant à toute personne de soumettre elle-même à des essais les denrées les plus communes, ainsi que les boissons alcooliques, les huiles, vinaigres, conserves, etc. — Un vol. in-16 avec figures...................... 1 fr. 25

Recettes, Formules et Procédés technologiques. — Photocopie industrielle. La science pratique appliquée aux arts industriels. — Un vol. in-12.................................... 1 fr.

L'Ordre à la maison, ou conseils pratiques pour la bonne administration des affaires domestiques. (L'ordre dans nos papiers, dans nos comptes, dans nos bibliothèques, dans nos souvenirs.) — Un vol. in-16 avec figures, et tableaux hors texte; broché.......................... 1 fr. 25

Fourrures et Plumes. — L'art de les connaître, de les porter et de les conserver. — Un vol. in-8° de 124 pages, avec nombreuses gravures.... 2 fr.

Le Diabète sucré, ses causes, son traitement, sa guérison. — Une brochure............ 0 fr. 75

Les Jeux d'esprit (charades, énigmes, anagrammes, métagrammes, logogriphes, etc.) — Un vol in-8°, broché........................... 1 fr.

L'Art de la Divination. — Description de 131 manières différentes de prédire l'avenir. — Un vol. in-16, broché.............................. 2 fr.

L'Eclairage à l'acétylène, construction pratique et installation à la portée de tous d'un appareil pour l'éclairage. — Une broch. avec grav. 0 fr. 50

Les Plantes dans nos habitations, sur les fenêtres, les terrasses et les balcons. Soins à leur donner. — Un vol. br. avec gravures...... 2 fr.

Les Pupazzi noirs. — Ombres animées (Notice historique sur les ombres, Construction du théâtre, Machination des personnages, Intermèdes et pièces), avec 53 modèles d'ombres et 36 pl...... 6 fr.

La Papyrographie, ou l'art de reproduire et de créer des dessins par transparence, à l'aide de papiers de diverses épaisseurs, avec 90 grav.. 2 fr.

La Nature et la Vie, régénération de l'homme par le végétal, régime végétarien, littérature et philosophies végétariennes. — Un vol. br. 3 fr. 50

Traité pratique de la Chasse à tir. (Plaines et bois). — Un vol. in-16.................. 1 fr. 50

L'Art de composer les vers, à l'usage des amateurs de jeux d'esprit.................. 0 fr. 50

Manuel du collectionneur de timbres-poste, contenant toutes les connaissances nécessaires, avec 227 gravures............................ 3 fr.

DEMANDEZ PARTOU

ALMANACH DE BIBI-TAPI

POUR 1899

PAR L'AUTEUR DES

MÉSAVENTURES DE BISTROUILL

Histoires désopilantes, bons mots, prédictions com
etc, etc.

Prix : 50 CENTIMES

Dans toutes les librairies, kiosques, gares.

Franco poste contre 60 cent. *adressés à M. A.-L. Guyot,*
12, rue Paul-Lelong, Paris.

Paris. — Imp. de la Collection A.-L. Guyot, 12 rue Paul-Lelong.

www.ingramcontent.com/pod-product-compliance
Ingram Content Group UK Ltd.
Pitfield, Milton Keynes, MK11 3LW, UK
UKHW020326230726
13925UKWH00002B/660